तमिलनाडु
की हिन्दी कवयित्रियाँ

तमिलनाडु की हिन्दी कवयित्रियाँ

सम्पादक

प्रो. निर्मला एस. मौर्य

डॉ. मंजु रुस्तगी

वाणी प्रकाशन

वाणी प्रकाशन

4695, 21-ए, दरियागंज, नयी दिल्ली 110 002

फ़ोन : +91 11 23273167 फ़ैक्स : +91 11 23275710

शाखाएँ

अशोक राजपथ, पटना 800 004, बिहार

कॉफ़ी हाउस कैम्पस, महात्मा गांधी मार्ग, इलाहाबाद 211 001, उत्तर प्रदेश

महात्मा गांधी अन्तरराष्ट्रीय हिन्दी विश्वविद्यालय, वर्धा 442 001, महाराष्ट्र

सुल्तानिया रोड, मोतिया पार्क, भोपाल 462 001, मध्य प्रदेश

www.vaniprakashan.com
marketing@vaniprakashan.in
sales@vaniprakashan.in

Tamilnadu Ki Hindi Kavyitriyan
Edited by Prof. Nirmala S. Maurya
Dr. Manju Rustagi

ISBN : 978-93-90678-88-4
Poetry Collection

प्रथम संस्करण 2021

मूल्य : ₹ 495

आर. टेक ऑफ़सेट प्रिंटर्स, दिल्ली-110032

वाणी प्रकाशन का लोगो मक़बूल फ़िदा हुसेन की कूची से

सम्पादकीय क़लम से...

क़लम में बड़ी ताक़त होती है दोस्तो। क़लमकार की लेखनी वही कहती है जो उसके दिल और दिमाग़ में होता है। दिल आसपास के परिवेश का अनुभव करता है, इससे मन में संवेदनाएँ जाग्रत होती हैं और दिमाग़ में विचारों की शृंखला उछलकूद मचाने लगती है। बस इन्हीं क्षणों में कलाकार कला को और रचनाकार रचना को जन्म देता है। कवि हृदय में एक तड़प होती है जिसे वह शब्दों में बयाँ करना चाहता है और भाषा के जंगल में भटकते हुए बहुत कुछ सुनने और देखने का प्रयास करता है। समय भागता है बड़ी तेज़ी से, छोड़ता है, हाँफता है, बेजार होता है। कवि कर्म बड़ा दुष्कर कार्य है, कविता ऐसे ही नहीं बन जाती, इसके लिए कवि को स्वर्ण–सा तपना पड़ता है। इस काव्य संकलन की रूपरेखा मेरे मन में कई वर्षों से तैयार हो रही थी और उत्तर भारतीय होते हुए भी मुझे दक्षिण में और विशेषकर उच्च शिक्षा और शोध संस्थान, दक्षिण भारत हिन्दी प्रचार सभा, मद्रास में 30 वर्षों तक विभिन्न पदों पर रहते हुए हिन्दी की सेवा करने का अवसर मिला, जहाँ मेरे इस काव्य संकलन की पृष्ठभूमि तैयार हुई। सन् 1982 में मेरा मद्रास आना हुआ। एक तरफ़ हिन्दी भाषाभाषी और दूसरी तरफ़ तमिलनाडु के मद्रास शहर में आना, अपने आप में एक अनोखा अनुभव। अंग्रेज़ी जानते हुए भी सब जगह सम्पर्क न कर पाने की दुविधा ने मुझे बोलचाल की तमिल सीखने को बाध्य किया, किन्तु इस भाषा को सीखते समय बड़ा

ही सुखद अनुभव रहा। जब मैं धीरे–धीरे दक्षिण भारत हिन्दी प्रचार सभा, मद्रास के ग्रन्थालय से जुड़ी, तभी मुझे उच्च शिक्षा और शोध संस्थान का परिचय मिला। सन् 1985 में मुझे 'काशी हिन्दू विश्वविद्यालय, वाराणसी' से डॉ. भोला शंकर व्यास के शोध निर्देशन में पीएच.डी. की उपाधि मिली। सन् 1986 में प्रवक्ता के रूप में मेरी नियुक्ति उच्च शिक्षा और शोध संस्थान, दक्षिण भारत हिन्दी प्रचार सभा, मद्रास में हुई, इसी संस्थान में रीडर बनी तथा क़रीब साढ़े 12 वर्षों तक प्रोफ़ेसर और विभागाध्यक्ष रहते हुए विभाग को कई ऊँचाइयाँ दीं। प्रयोजनमूलक हिन्दी के महत्त्व को देखते हुए मेरे द्वारा सन् 2002 में संस्थान में स्नातकोत्तर पत्रकारिता डिप्लोमा पाठ्यक्रम का प्रारम्भ किया गया। मेरे शोध निर्देशन में 6 शोधार्थियों ने डी. लिट्, 89 ने पीएच.डी., 90 ने एम.फिल. की उपाधि प्राप्त की। शोध करवाते समय मुझे कई बार इस बात का अनुभव हुआ कि शोधार्थी कविता के स्थान पर गद्य में अधिक रुचि रखते हैं। मैं सदैव विद्यार्थियों और शोधार्थियों को कविता लिखने के लिए प्रेरित करती रही और इसी को ध्यान में रखते हुए हमने संस्थान में अन्तर महाविद्यालयीन काव्य प्रतियोगिता चलाने के लिए 'सुरलहरी' काव्यमंच का प्रारम्भ किया। इसके आशाजनक परिणाम निकले और बड़ी संख्या में मद्रास महानगर के महाविद्यालयों के विद्यार्थियों ने इसमें भाग लिया और विभिन्न प्रकार के पुरस्कार जीते। इसी समय डॉ. मंजु रुस्तगी मेरे सम्पर्क में आयीं। आपने संस्थान से ही एम.फिल. और पीएच.डी. शोध कार्य सम्पन्न किये। मैंने सन् 2014 से 2016 तक कुलसचिव के पद पर रहते हुए हिन्दी की सेवा की। यहाँ कार्यरत रहते हुए मुझे अनेक प्रकार के मीठे और कटु अनुभवों से गुज़रना पड़ा। अब तो यहाँ रहते हुए क़रीब 38 वर्ष हो चले हैं। दक्षिण में मैंने जो एक विशेष बात देखी वह यह कि यहाँ लोग हिन्दी को महत्त्व देते हुए उसे पढ़ना और सीखना चाहते हैं। अब यहाँ हिन्दी का विरोध नहीं दिखाई देता।

तमिलनाडु में हिन्दी रचनाकारों की एक लम्बी सूची है। चूँकि डॉ. मंजु रुस्तगी मेरे साथ कई वर्षों से जुड़ी हैं, अतः हम दोनों ने मिलकर अपने उन सपनों को पंख देने का प्रयास किया, जो मैं कई वर्षों से अकेली ही देखती आयी थी। तमिलनाडु में बड़ी संख्या में दो तरह की महिला रचनाकार हैं, एक वह जिनकी मातृभाषा हिन्दी है तथा दूसरी वह जिनकी मातृभाषा पंजाबी, गुजराती, मराठी, तेलुगू, कन्नड़, मलयालम या तमिल है। 'तमिलनाडु की हिन्दी कवयित्रियाँ' काव्य संग्रह में केवल उन्हीं कवयित्रियों को स्थान दिया गया है जो कई वर्षों से तमिलनाडु में रहते हुए हिन्दी की सेवा करते हुए हिन्दी पठन–पाठन तथा लेखन में संलग्न हैं। प्रस्तुत काव्य संग्रह का सम्पादन करते हुए मैंने कई महिला रचनाकारों की कविताएँ पढ़ीं और अलग–अलग अनुभवों से रू–ब–रू हुई। इस काव्य संग्रह को सम्पादित करने का यह एक छोटा–सा व ऐसा प्रयास है जो उन सभी महिला रचनाकारों के प्रति एक सम्मान की अभिव्यक्ति है। इन रचनाकारों में कई रचनाकार ऐसी भी हैं जो पारिवारिक व्यस्तताओं के कारण अपनी इस मेधा का समय पर उपयोग नहीं कर पायीं। यह छोटा–सा प्रयास उनके इस छिपे व्यक्तित्व को सबके सामने लाता है। इन कविताओं में सम्भावनाओं की प्रतिध्वनि सुनाई देती है। अब देखने में आ रहा है कि नयी आने वाली कविता छन्दों के बन्धन तोड़ रही है और मानव जीवन की विषमताओं को समेटे हुए पथरीली राह पर अग्रसर है। रचनाधर्मिता इस संग्रह की कविताओं का प्राण है। इस संग्रह के प्रकाशन में जिन कवियों ने अपना सहयोग दिया उन सभी के प्रति मैं आभार व्यक्त करती हूँ। मैं डॉ. मधु धवन जी का स्मरण करती हूँ और इस संग्रह का प्रारम्भ मैंने उन्हीं की कविताओं से किया है। मेरे प्रति उनका स्नेह आजीवन रहा, उसे मैं कभी नहीं भुला पाऊँगी। वाणी प्रकाशन के प्रबन्ध निदेशक श्री अरुण माहेश्वरी जी ने हमारे सपनों को एक आकार दिया इसके लिए हम हृदय से उनके आभारी हैं। हमारे ऐसे बहुत से मित्र हैं

जो लगातार इस पुस्तक की तैयारी में हमारा उत्साहवर्धन करते रहे हैं आभार। यह कविताएँ पाठकों से संवाद करती नज़र आती हैं। जीवन के अनुभव इन कविताओं से झाँकते दिखाई देते हैं। नारी संवेदना से जुड़े इस काव्य संग्रह को काव्य प्रेमियों के समक्ष प्रस्तुत करते हुए आनन्द का अनुभव हो रहा है।

प्रो. निर्मला एस. मौर्य

कुलपति

वीर बहादुर सिंह पूर्वांचल विश्वविद्यालय, जौनपुर

(पूर्व कुलसचिव एवं अध्यक्ष, उच्च शिक्षा और शोध संस्थान, दक्षिण भारत हिन्दी प्रचार सभा, चेन्नई)

मेरी दृष्टि से...

तमिलनाडु राज्य की छवि सदैव से ही हिन्दी भाषा विरोधी राज्य की रही है। उत्तर भारतीयों के मन में अभी तक यह भ्रम बना हुआ है कि यहाँ पर हिन्दी साहित्य सम्बन्धी कार्य के प्रति लोगों का रुझान नहीं है, जबकि यहाँ पर हिन्दीतर भाषी हिन्दी के प्रचार–प्रसार तथा हिन्दी साहित्य संवर्धन हेतु बहुत ही सराहनीय कार्य कर रहे हैं, और उत्तर भारत से यहाँ बरसों पहले आकर बसे हुए हिन्दी भाषी विद्वान भी इस क्षेत्र में सदैव प्रयासरत हैं। समस्या बस इतनी है कि उनको अपनी पहचान बनाने के समुचित अवसर उपलब्ध नहीं हैं। जब भी किसी संगोष्ठी या कार्यक्रम में उत्तर भारत से विभूतियाँ यहाँ आती हैं तो यहाँ के विद्वत्‌जन साहित्यकारों से मिलकर उनकी पहली प्रतिक्रिया यही होती है कि हमें नहीं पता था कि यहाँ हिन्दी का इतना बड़ा परिवार है और इतनी अच्छी हिन्दी बोलने और सुनने वाले बसते हैं। इस विषय पर जब वाणी प्रकाशन के प्रबन्ध निदेशक व मेरे मित्र अरुण माहेश्वरी से मेरी बात हुई और उन्होंने तमिलनाडु की कवयित्रियों का काव्य संकलन प्रकाशित करने पर अपना सकारात्मक रवैया दिखाया तो मैं अपनी गुरु डॉ. निर्मला एस. मौर्य के साथ इस अभियान में संलग्न हो गयी। अरुण माहेश्वरी को कोटिशः धन्यवाद जिन्होंने हम दोनों के इस स्वप्न को साकार किया।

कविता संकलन ही क्यों? कविता का सीधा सम्बन्ध समाज के अनुभव जगत् से जुड़ा है या यूँ कहें कि समाज की हर करवट की अभिव्यक्ति है–कविता। वैसे तो हर विधा में लिखने

वाले यहाँ बहुत से साहित्यकार हैं लेकिन काव्य सृजन के क्षेत्र में युवा पीढ़ी जो उत्साह दिखा रही है वह प्रशंसनीय है। इसमें प्रोफ़ेसर, अध्यापक, छात्राएँ, गृहिणियाँ सभी वर्ग शामिल हैं तो उचित लगा कि गहन संवेदित इस विधा से उनके जुड़ाव को पुस्तकाकार में प्रकाशित करना ही श्रेयस्कर रहेगा। इस पुस्तक में काव्य संवेदना का हर रंग पाठकों को मिलेगा। इस काव्य संकलन के प्रकाशन में सभी मित्रों ने जो सहयोग प्रदान किया उनका दिल से आभार व्यक्त करती हूँ। विशेष आभार भाईसाहब श्री सतीश मौर्य जी (डॉ. निर्मला एस. मौर्य के जीवनसाथी) का जिन्होंने अपना अमूल्य समय इस संकलन के प्रकाशन में दिया।

डॉ. मंजु रुस्तगी
सहायक प्रवक्ता एवं हिन्दी विभागाध्यक्ष,
वल्लियम्माल कॉलेज फॉर वुमेन, चेन्नई

अनुक्रम

मधु धवन

काश! तुम समझ पाते

प्रिय!
काश! तुम समझ पाते
जीवन केवल महत्त्वाकांक्षा नहीं
जीवन केवल अवसरवादिता नहीं
जीवन केवल षड्यन्त्र नहीं
जीवन केवल जड़ें काटना नहीं
जीवन केवल कोई पहेली नहीं
अपितु
काँटों के मध्य उगे हुए
फूलों–सी मधुर मुस्कान है
तनावों के मध्य आहत मन का
मानवता–झील में तिरते जाना है
काश!
तुम समझ पाते....।

अमृतमयी

ओ मानसरोवर!
क्या हुआ है तेरे रंग–रूप को
कैसे लुप्त हुई तेरी कान्ति

मैं देख रही हूँ
एक–एक कर उड़ गयी
तेरी गुणवत्ता
नौबत यहाँ तक आ गयी
हर नारी गरलकण्ठा बन गयी

देख रही हूँ
न तेरे अन्तस में
निर्मल–स्वच्छ सरोवर है
न गरिमामय भव्य
प्रकृति के अनुपम उपहार
दुग्ध धवल श्वेत
राजहंस

तेरे चारों ओर
दूर–दूर तक फैले
सुन्दर सघन वन में
न ही है कोई अब
कस्तूरी मृग
इन बीहड़ वनों में
नाना सम्पदाएँ हैं
जहाँ विषैले दुमुँहे
साँप डेरा जमाये हैं
जो एक मुँह से पीते हैं
दूध
और दूसरे मुँह से मारते हैं
डंक

ओ मानसरोवर!
तुमने हंसों को

क्यों मिलने दिया सारसों से, बगुलों से
क्यों शहर का रास्ता दिखाया
वे भूल गये अपनी गुणवत्ता
दूध का दूध और
पानी का पानी करने का

विवेकहीन हो गया है
अब
कोई हंस नीर–क्षीर विवेकी
नहीं रह गया है।

कस्तूरी मृग की
कस्तूरी
बड़े–बड़े उद्योगपति
कृत्रिम कस्तूरी बनाने लगे हैं
कुछ चमकीले ख़ूबसूरत
साँप भी आ गये हैं
जो दूध तो पीते हैं
परन्तु
दूसरे मुँह से विषैली साँस
मारते हैं
पिस्तौल की उन्हें कभी
नहीं होती ज़रूरत

ओ मानसरोवर!
तेरे सलिल में
ब्रह्म कमल हुआ करते थे
आजकल
वे भी लुप्त हो गये हैं
क्योंकि

अर्थ लोलुप के हाथों बिक रहे हैं
कृत्रिम इत्र बना–बना
व्यापारी कमा रहे हैं
बेशुमार धन
और
कैलाशपति
शिव भोले भण्डारी का
गरल
आ गया है धरती पर
वह तो आ गया था
उसी वक़्त,
जिसकी किसी को ख़बर न थी
जिसे पीकर

आज भी ज़िन्दा है नारी
पता है क्यों...?
उसे पान कर ही वह शक्ति–स्वरूपा
गरलकण्ठा
और जी पा रही है
क्रूर पुरुष के साथ
जितने भी होते हैं प्रहार अत्याचार
वह चुपचाप गटक जाती है
जानते हो क्यों...?
क्योंकि ज़हर को ज़हर काटता है
यही कारण है कि
गरलकण्ठा का गरल,
गरल से मिल
समाप्त हो जाता है
और शेष
रह जाता है अमृत

वह बन जाती है
अमृतमयी....

सुनो धर्म के ओ ठेकेदारो!

तुम नर हो
यदि है तुममें पौरुष
तो नारी के जीवन को
स्वर्णिम बना दो
लगाये हुए सारे
पहरे हटा दो
खुली साँस लेने दो
बन्धन मिटा दो।
सुनो धर्म के ओ ठेकेदारो!
तुम नारी को कोई
खिलौना न समझो
यह माता है, इसको
निर्माता तुम समझो
पौरुष के दम्भी
सारे शब्द मिटा दो
लांछना के तीखे
स्वरों को हटा दो
सुनो! धर्म के ओ ठेकेदारो!
इसे देखने दो सारे
परदे हटा दो
इसे काम करने का
तरीक़ा सिखा दो
यदि है कोई अंकुश
तो उसको मिटा दो
सुनो! धर्म के ओ ठेकेदारो!

इसे ज्ञान पाने का
हौसला बढ़ा दो
रोशनी करो सब जगह
अँधेरा मिटा दो
सुनो! धर्म के ओ ठेकेदारो!

माँ ज्योतिपर्व

माँ–ज्योति पर्व का भरा कलश
शुभ मंगल–मंगल–मंगल हो
होते दुख–दूर घर के सारे
खिल–खिल हँसते सुख के तारे
धन–धान्य आँगन में बिखरे
उमंग उत्साह भरे पल हमारे
जीवन पावन मंगलमय हो
जब–जब तू हमको निहारे।

माँ–ज्योति पर्व का भरा कलश
शुभ मंगल–मंगल–मंगल हो

प्रतिनिमिष स्नेह स्पन्दन हो
नव आशा का नेह बन्धन हो
विश्वास हृदय का सम्बल हो
ममता का मधुर चुम्बन हो
हर बात तुम्हारी अनुपम हो
पिसती गृहस्थी में अनवरत हो

माँ–ज्योति पर्व का भरा कलश
शुभ मंगल–मंगल–मंगल हो
आलोकित होता कण–कण

अपराजित होता जीवन रण
संकल्प सदैव रहे अक्षुण्ण
है कर्म सफलता का दर्पण
श्रम–स्वेद सुखद प्राण–त्राण
हर बोल तेरा अमृत रामबाण
माँ–ज्योति पर्व का भरा कलश
शुभ मंगल–मंगल–मंगल हो

उड़ान

सुनो कान्त!
मैंने तुम्हें निहारा, तुमने मुझे दुलारा
और कहा–'तुम देवी हो'
बिठा दिया अपने इष्टदेव के साथ

तुमने पाया मेरा प्यार
और कहा–'तुम लक्ष्मी हो'
मेरे घर की रिद्धि–सिद्धि–समृद्धि
हरा दिया जुए में गर्व के साथ
तुमने मुझे समूचा पाने के लिए
अपने जीवन को कामयाब बनाने के लिए
मुझे हौले से कहा–'तुम पतिव्रता हो'
और सती का नाम देकर
जला दिया पति के साथ
मेरे बड़प्पन पर अंकुश लगाने के लिए
मेरी योग्यता को मिटाने के लिए
तुमने गर्व से कहा–'तुम मेरे ख़ानदान की मान–मर्यादा हो'
और कर दिया मुझे घूँघट की आड़

मेरी अस्मिता–अस्तित्व को कर दिया गुम

छीन लिया मुझसे मेरा दृष्टि प्रकाश
आज मेरी आँखें खुली हैं
लौट आया है मेरा दृष्टि प्रकाश
आज देख पा रही हूँ अपना

देवी से देवदासी का रूप
घूँघट से कोठे तक का
महायात्रा पड़ाव
देख सकती हूँ गंगा–सी निर्मल धारा को
गन्दा होते।

मैं नन्ही–सी चिड़िया
युगों–युगों से तुम्हें सुख देने में रत
पर हो रही हूँ असफल,
कल की बात
अतीत को भूल मान जाने दो
किन्तु, आज भी तुम मेरे पंख कतरने का
क्यों कर रहे हो निर्मम प्रयास...?

मुझे पूर्ण विश्वास है
अपने पर
अपने परों पर
अपनी परिन्दी ऊर्जा पर
अब मैं एकाएक उड़ने लगूँगी
असीम नीलगगन में
मुक्त स्वच्छन्द गगनांगन में
फिर भी अकेली नहीं
तुम्हें भी लेकर संग...।

शकुन्तला करनानी

व्यथा एक माँ की

बिस्तर पर लेटी थी,
छत की ओर टकटकी लगाये,
नासाज़ थी तबीयत बूढ़ी माँ की
पास के कमरे से आ रही थीं आवाज़ें,
क़हक़हे लगाने की
फिर सोचा,
परिवार के लोग मुझे भी शामिल करेंगे ज़रूर
'इन्तज़ार करती हूँ दो पल'
लाठी टेकती उठी,
लड़खड़ाते क़दमों से चल पड़ी
दरवाज़े की ओर क्योंकि मन में ललक थी,
परिवार से मिलने की
फिर सोचा जाने से पड़ न जाये विघ्न,
बुलायेंगे ज़रूर
'इन्तज़ार करती हूँ दो पल'
गुड़गुड़ाने लगा पेट,
भूख और प्यास से,
मन को दी सान्त्वना
शायद, व्यस्त दिनचर्या में
आयी न होगी याद, खाना देने की

फिर सोचा, बूढ़ी माँ भी होगी भूखी,
बहू न सही, बेटा तो पूछेगा ज़रूर
'इन्तज़ार करती हूँ दो पल'
इन्हीं औलादों को पाला था कितने जतन से,
तैरने लगीं यादें चलचित्र–सी
गहरी सूनी आँखों में गुज़रे बीते दिनों की
फिर सोचा, ठण्ड में रातों ढका था,
मुझ पर भी कम्बल डालेंगे ज़रूर
'इन्तज़ार करती हूँ दो पल'
इन्तज़ार करते–करते थका मन, थकी आँखें,
लगी आँसुओं की झड़ी
फिर सोचा व्यर्थ है जीवन,
चाह नहीं अब जीने की
हृदय में उठी तेज़ पीड़ा, पथरा गयी आँखें,
मानो अब नहीं होता
'इन्तज़ार दो पल' वाह रे मुक़द्दर,
जिस बेटे ने रातों सर रखकर
माँ के कन्धे की टेक ली थी
आज उसी बेटे की बारी थी माँ को कन्धा देने की,
फिर सोचा बेटे ने, अन्तर्मन ने झिंझोड़ा, न उठी माँ, छोड़ा,
अब नहीं करूँगा
'इन्तज़ार दो पल'

बदले मायने दोस्ती के

ज़िन्दगी है जन्नत
अगर मौत तक साथ देती है दोस्ती
तूफ़ानों का साहिल है दोस्ती
अरमानों की मंज़िल है दोस्ती
समय बदला या हम बदल गये

कहाँ गयी वह जज़्बातों की दोस्ती
कभी थी कृष्ण–सुदामा की दोस्ती
अब ओहदों से तोली जाती है दोस्ती

लगा आज हर कुछ क्यों फीका–फीका सा है
महसूस हुआ मन भरा–भरा सा है
लम्बी फ़ेहरिस्त से कुछ ख़ास दोस्तों के नाम चुने
सोचा कुछ अपनी कहें, कुछ उनकी सुनें

भावनाओं में बहकर, हर ख़ुशी, हर ग़म बाँट लिया
क्या सिला मिला यह समझ बाद में आया
सुबह की नींद हमारी बड़े इत्मीनान से खुली
देखा तो लगा क्यों हर नज़र है बदली–बदली,

मालूम हुआ हमारी बन्द किताब के खुल चुके थे पन्ने,
जो हमने दोस्तों को बतलाया था ख़ास अपने तक रखने,
समझ आया, आज हर किसी को
दरारों से झाँकने की आदत है क्यों नहीं लोग समझ पाते,
दोस्ती तो ख़ुदा की इबादत है

तब से हमने कागज़–क़लम को अपना दोस्त बना लिया,
ज़िन्दगी के ख़ास लम्हों को पन्नों पर उतारना शुरू किया,
इन्तज़ार है उस वक़्त का, उस सच्चे दोस्त का,
राह–ए–मंज़िल में कभी तो मिलेगा
दोस्ती की गहराई को समझेगा
क्या पता दोस्ती का पुराना वो पल मिल जाये,
ख़्वाबों में दिखा, हक़ीक़त में फिर से वह कल मिल जाये,
यह रिश्ता तो न ख़ून का है, न बँधा किसी रिवाज़ से,
बयाँ नहीं किया जा सकता, इसे किसी अल्फ़ाज़ से।

राजलक्ष्मी कृष्णन्

वक़्त ठहरा नहीं

इससे पहले कि साँझ हो जाये
चलो, उठो, कि मंज़िल मिल जाये।
कहाँ से आये थे, जाना कहाँ है,
भटकते मन का ठिकाना कहाँ है
रेत पर चल के क्या हासिल होगा,
पत्थरों पर निशान छोड़ जाना है।
हाशिए पर ही ज़िन्दगी कटी सारी,
मूल पृष्ठों पर तुमको छाना है।
वक़्त ठहरा नहीं मनाने से,
वक़्त से आगे निकल जाना है।

शब्द

शब्द तो कभी
शब्द नहीं होते,
कभी वे फूल बन जाते हैं
और कभी शूल बनकर
हमारे ह्रदय को भेद जाते हैं।
शब्द कभी प्यार में समा जाते
तो कभी नफ़रत में
शब्द से हम मित्र और

शत्रु बना लेते हैं।
शब्द निःस्वार्थ भाव से बोलें,
उसे बन्दूक़ न बनायें
शान्ति से जियें और
लोगों को भी जीने दें।
शब्द से हम जग में
रामराज्य बनायें,
प्रेम की धारा बहायें,
विश्व में सुख–शान्ति फैलायें।

आँसू की बूँद

ये मेरी आँसू की बूँद
दिल की गहराइयों से
उभरी है
सूरज की किरणों–सी
उजली और
पलकों के पलछिन से
छलकी
सात समुद्रों की
अनन्त गहराई जैसी
इसे कोई क्या जाने?
यह आत्मा की है घुटन
और दिल की है चुभन
यह मेरी आँसू की बूँद
मेरे मन को शक्ति
और कलेजे को ठण्डक देती।
यह मेरी आँसू की बूँद
इसका मूल्य
कोई क्या जाने?

आज का मानव

आज का मानव,
बहुत चतुर हो गया है।
तेज रफ़्तार से,
स्वार्थ का शीशा पहनकर,
नैतिक मूल्यों को तोड़कर,
तेज़ी से भाग रहा है।
धन–दौलत कमाने के चक्कर में,
अन्धाधुन्ध भाग रहा है।
सुहागिनों के मंगलसूत्र
बेचकर
अबला की आबरू लूटकर
दैत्य बनकर,
तेज़ रफ़्तार से
भाग रहा है।
उसके अत्याचारों को देखकर
ईश्वर भी हैरान होकर,
मूक बनकर उसे देख रहा है।
ऐसे क्रूर इन्सान को देखकर,
लोग मौन होकर,
आँसू के घूँट पीकर रह जाते हैं।

राजरेखा सुन्दर

जिज्ञासा!

जन्म से शुरू,
मृत्युपर्यन्त कायम–जिज्ञासा
एक के बाद एक
कुछ न कुछ जानने का मन प्यासा
संसार को मुट्ठी में थामने का–लालच
नश्वर बुद्धि होती नहीं कभी–नष्ट
तंग आ चुकी हूँ!
सवाल है अभी बस केवल
नचिकेता बनने का!
ऐसा कुछ–जिसे जानने से सब कुछ, –बेमतलब हो जाये!
आख़िर पता चला कि–सब कुछ छोड़ने में ही है, –सार्थकता!

मैं कौन हूँ?

सुख में उछलता–मन!
दुख में रोता–मस्तिष्क!
सबसे स्वार्थी–बुद्धि!
अन्दर से सुनाई देती–आवाज़!
क्या हूँ मैं?
अन्धे की आँखों से देखता, गूँगे की जिह्वा से बोलता,
बहरे के कानों से सुनता, हमें अन्दर से नचाता,

अपने इशारों पे चलाता, कभी हाँ में हाँ मिलाता,
कभी गुस्सा करता,
है कोई चीज़,
सब के पीछे–चैतन्य!

गहरी नींद में भी,
हमें जीवित रखता–चैतन्य!
मरने के बाद भी, रह जाता केवल–चैतन्य!

क्या है वो? ढूँढ़ रही हूँ!
अब तक मिला नहीं! मिलेगा भी नहीं!
क्योंकि, ढूँढ़ती हूँ–ख़ुद को!
पुलिस की वर्दी में–चोर!
चोरी हुई है ख़ुद की,
मिलेगा कहाँ से?
वह जब मिल जाये!
तो दो नहीं,
एक होगा!
वह अन्य नहीं,
अनन्य होगा!

कहाँ से कहाँ?

सभ्यता के नाम से,
सफलता के नाम से
विकास के नाम से,
विद्या के नाम से,
और क्या नहीं?
तरक़्क़ी की ओर बढ़ती मनुष्यता!
अब वापस जाने की तैयारी में!
जहाँ शुरू वहीं विसर्जन!
शुक्रिया कोरोना का!

शोभा चोरड़िया

मेरा आसमान

ढूँढ़ रही हूँ अपने हिस्से का आसमान
बचपन वाला मेरा क़ीमती सामान
और रखकर भूल गयी थी जिसे
सबसे ज़रूरी मेरा 'आत्मसम्मान'

ढूँढ़ती हूँ वो दरो–दीवार, वो छत हसरतों वाली
मेरा घर जो बन गया अब मकान आलीशान
दूर आ गयी हूँ चलते–चलते
पर नहीं मिटे यादों के निशान!

नहीं मानूँगी हार अन्तिम श्वास तक
कब तक लेगा वो मेरा इम्तिहान??
पाकर रहूँगी मेरा आसमान और सम्मान
उँडेलना होगा उसे मेरे दामन में ख़ुशियों का मर्तबान

न जाने कब!

आओ! छोटे–छोटे पलों की सीपियाँ सँजो लें
न जाने कब, 'अरमानों का मोती' मिल जाये!
परेशानियों के अँधेरों में यूँ मायूस ना हो
न जाने कब, 'उम्मीद का जुगनू' चमक जाये!

कष्टों की चिलचिलाती धूप सर पे है माना
न जाने कब, 'उसकी रहमत' बरस जाये!

अकेला है दुनिया की भीड़ में अब तक
न जाने कब, किसमें 'वो' नज़र आ जाये!

हौसलों को कभी मिटने न देना
न जाने कब, मंज़िल क़रीब आ जाये!

शब्दों के बीज

मन के गमले में
भावों की खाद दे,
शब्दों के बीज बोती हूँ
तो उग आती हैं,
नन्ही–नन्ही कविताएँ!!

इन्हें चाहिए
आपकी प्रेरणा की
स्नेहिल धूप!
और समय–समय पर
प्रतिक्रियाओं का सिंचन!

क्योंकि मैं
अपनी कविताओं का गमला
आपके मन के बरामदे में
सजाना चाहती हूँ

चाहती हूँ,
भावनाओं की जड़ें जमाना,

अभिव्यक्ति की ख़ुशबू फैलाना
और हृदय की डाली पर फूल–सा सज जाना
सृजन की धरती, कल्पनाओं का आसमान
और सफलता का समन्दर,
सबसे मिलना है, जाने से पहले,
पूरा खिलना है, मुरझाने से पहले!
पूरा खिलना है, मुरझाने से पहले!!

आधा सच

सोना तपकर कुन्दन बनता
पर ये सच है बस आधा,
कोई नहीं चमक पायेगा
माँ और बाबा से ज़्यादा।

कठिन तपस्या से मिलते प्रभु
ये अपरिहार्य नहीं है!
मन में प्रेम बसा लो तुम,
बन जाओ शबरी और राधा।

पहुँच नहीं पाते मंज़िल तक
पैरों का दोष नहीं है,
कभी–कभी मन की कमज़ोरी
भी बनती है बाधा।

पूजा–पाठ, धरम–करम सब
पूरा फल न देंगे,
झोड़–झमेलों से बचकर
यदि मन को ही नहीं 'साधा'।

परिश्रम

घरौंदे यूँ ही नहीं बनते, बहुत श्रम लगता है,
तिनका–तिनका जोड़ने में बहुत दम लगता है
परिन्दों को मालूम है आँधियों के ख़तरे,
फिर भी नीड़ों का निर्माण कहाँ थमता है!

कहीं ख़्वाहिशों को आसमान भी कम लगता है,
और किसी का पूरा दिन 'स्वेद' बन ढलता है,
ज़रूरतें भी पूरी नहीं हो पातीं एक तरफ़,
और कहीं भरा थाल भी कम लगता है।

नन्हा बीज भूमि के अँधेरों से नहीं डरता है,
और न ही अपनी क्षमताओं पर इतराता है,
उसे मालूम है ख़ुद में छिपी सम्भावनाएँ,
धैर्य धरा है उसने, तभी तो फल लगता है।

माटी में, कुम्हार की कल्पना और श्रम 'सनता' है
तब कहीं जाकर एक उपयोगी पात्र बनता है
जीवन की क्षणभंगुरता का भान है उसे,
पर उसकी चाक का पहिया अनवरत चलता है।
घरौंदे यूँ ही नहीं बनते, बहुत श्रम लगता है।

हर्षलता शाह

माँ तुम धन्य हो!

जन्म एक ऐसी प्रक्रिया है
जिसे माँ के पेट से ही मान लेना चाहिए।
जिसे वह नौ महीने बड़े ही चाव से सँभालती है।
सँवारती है, सँजोती है और गर्व भी करती है
पर उसे क्या पता?
उसे ही सन्तान की पहली लात खानी होगी
और आख़िरी भी।
धन्य हो तुम जिसने अपना पूरा जीवन
मात्र अपनी सन्तान को सक्सेसफुल बनाने में गँवा दिया
और कभी न सोचा कि मरने पर
वह आग देने भी नहीं आ पायेगा या
नहीं आना चाहेगा?

एक मज़दूर का दर्द

केदार जी ने कहा–
'रोटी आग की ओर इशारा करती है',
मैं कहती हूँ रोटी उस तूफ़ान की ओर इशारा करती है–
जो आज सड़कों पर चौरासी कोस की यात्रा करवा रही है,
रेलवे स्टेशनों पर मानव को मच्छर के रूप में इकट्ठा कर रही है।

जिन शहरों और ओहदेदारों ने रोटी देने का वादा किया,
उनकी मेहरबानी से आज उनका पलायन निश्चित हुआ।
हाय! इस दर्द को न वह बयाँ कर सका
और न अपनों को बता सका।
रास्तों की चाल में कभी बस, कभी ट्रेन के नीचे आता रहा
कहते हैं ख़ुदा सबके लिए होता है,
लेकिन क्या ये ख़ुदा की प्रिय लिस्ट में कभी कहीं नहीं होते?
प्रश्नों की झड़ी लगाई जाये ऐसे कितने ही प्रश्न,
मेरे तन और मन में एक आग–सी लगा देते हैं
और फिर उठकर अपनी रसोई में मैं
उसी रोटी को बनाने में लग जाती हूँ
जिसने आज पूरे संसार में आग लगाई हुई है।

कोरोना–एक महामारी

कहते हैं यह बीमारी नहीं महामारी है,
जो एक चमगादड़ की मेहरबानी है।
जिसे सूप के रूप में परोसा गया
या सलाद के रूप में।
चाइना ने भेजा या अमेरिका ने
भारत ने बुलाया या किसी और देश ने
हमने तो सिर्फ़ उसे झेला है।
इस हाहाकार और बन्द की स्थिति को
पूरे मानसिक तनाव के साथ स्वीकार किया है।
हर एक फ़ोन की रिंग
एक अलग ही टोन के रूप में
हमारे दिलोदिमाग़ में गूँजती है
और किसी अपने के अस्पताल में
पहुँचने का आभास दिलाती है।
दिन में तीन–चार बार एम्बुलेंस की घण्टी

किसी अस्पताल की राह नहीं
ले जाती बल्कि एक ऐसे
अथाह खोह में ले जाती है
जो मुक्तिबोध के 'अँधेरे में' से
भी कई गुना ज़्यादा गहरा है।
डर सिर्फ़ यही है कि
इस देह को आग लगेगी या नहीं।

पी. एषिलनाच्चियार

प्रवासी मज़दूर

रोटी और रोज़गार की तलाश में,
उसने अपना गाँव छोड़ा।
माई–बापू, बीवी–बच्चे, रिश्ते–नाते, यार–दोस्तों
सबको छोड़ा।
रेल की यात्रा से,
देश के दूसरे कोने में, सुदूर शहर में जा पहुँचा–
रोटी और रोज़गार की तलाश में।

वहाँ वह किसी को नहीं जानता
भाषा भी अपरिचित।
भीड़ में वह हुआ अकेला।
पर, बेपरवाह होकर मेहनत ख़ूब किया।

धूप–ठण्ड सही उसने।
गाली–दुत्कार बहुत सही।
विचलित नहीं हुआ कभी।
मेहनत ख़ूब की, मेहनत ख़ूब की।
पर, वेतन थोड़ा ही पाया।
क्योंकि,
अपना हक़ वह जानता नहीं था;

जानता भी हो तो कभी माँगता नहीं था।

बस एक ही अरमान था उसका–
वह और मेहनत करेगा, और कमाएगा,
पैसा ख़ूब इकट्ठा करेगा
वापस जायेगा अपने गाँव, अपनी मिट्टी को चूमेगा।
अम्मा–बापू, बीवी–बच्चे सबकी ज़रूरतें पूरी करेगा।
सबकी आँखों में ख़ुशी की रोशनी देखेगा।
यही सपना उसके कठोर परिश्रम के बोझ को हल्का
कर रहा था।

पर, स्थिति बदली...
कोविड, कोरोना और लॉकडाउन की चिल्लाहट हवा में फैली।
वह एक और बार बेरोज़गार हुआ।
इस बार बहुत बुरी तरह से...
ताला लग गया सबमें...
रोटी से अधिक उसके सपनों में,
जिस सपने के बल पर उसने तरह–तरह के कष्ट झेले,
उस सपने को मरते देखकर,
उसके पंख और पैर एक साथ टूटे
अब हुआ वह अधमरा...
पूरा मरेगा कोरोना में या बच भी पायेगा?
नहीं जानता था।
पर इतना जानता था कि
अब उसे अन्यों की दया नहीं,
अपनों के प्यार का सम्बल चाहिए।
मरना भी पड़े,
तो अपनी मिट्टी में,
अपने रिश्तों के घेरे में...
अजनबी शहर में अनाथ होकर नहीं।

निकल पड़ा वह...
देश के दूसरे कोने में स्थित अपने गाँव की ओर।
यातायात नहीं तो क्या,
निकल पड़ा वह पैदल ही–
रेलमार्ग का सहारा लेकर।
पटरियों के कंकड़ों में क़दम बढ़ाकर।
चलता रहा, चलता रहा,
कई दिनों तक वह चलता ही रहा
पैर उसके जवाब देने लगे,
तो, थोड़ा सुस्ताने को सोचा।
पटरियों को तकिया बनाया; कंकड़ को चटाई।
सपनों की गोद में उसे आराम मिला।
वह...
गाँव की सोंधी मिट्टी की गन्ध सूँघ रहा था,
पत्नी को बाँहों में लेकर चूम रहा था,
बच्चों को गोद में बिठाकर पुचकार रहा था–
तब आयी मालगाड़ी...तेज़ गति में।
पहियों तले कुचलकर मर गये उसके सारे सपने।
वह...
अब पहुँचा उस जगह–
जहाँ बेरोज़गारी का कोई झंझट नहीं;
जहाँ रोटी की कोई ज़रूरत नहीं;
जहाँ से लौटना कभी सम्भव नहीं।

विज्ञापनों का मायालोक

एक मायालोक है।
जो धीरे–धीरे आपको घेर रहा है।
धीरे–धीरे आपको सोख रहा है।
आपके दिमाग़ में जाल बुन रहा है।

मायालोक...
चीख़–चीख़ कर कहता है कि
त्वचा का गोरापन बढ़ाने से ही आप में आत्मविश्वास जगेगा।

मायालोक...
पैर पटककर कहता है कि
बाल घने न हों तो आप कहीं मुँह दिखाने लायक नहीं होंगे।

मायालोक...
दावे से कहता है कि
वज़न घटाकर आप पतले न होंगे तो सभ्य समाज में
आपके लिए जगह नहीं है।

मायालोक...
अब आपके आँगन में बैठकर तय करता है कि
पारम्परिक भोजन की जगह
कोल्ड ड्रिंक पीने से ही आपके बच्चे बढ़ सकते हैं और
डॉक्टर बन सकते हैं।

मायालोक...
आपका कान खींचकर कहता है कि
घर का काम ख़ुद करना बेवकूफ़ी है
मशीनों से करवाना ही 'स्मार्टनेस' है।

मायालोक आपको ललचाता है–
ई.एम.आई (EMI) पर ही सही,
महँगा मोबाइल, ए.सी., कार ख़रीदकर प्रतिष्ठा बढ़ाने को कहता है।

विज्ञापनों का मायालोक...
आपके जेब से निकाले नोटों की

माला पिरोता है
कॉरपोरेटों के गले में पहनाकर आशीर्वाद लेता है।

विज्ञापनों के मायालोक में...
शुभ भी उनका; लाभ भी उनका
आपको वहाँ मिलेगा...
सद्भाव के स्थान पर स्पर्धा
यथार्थ के स्थान पर दिखावा
और...
सच के स्थान पर–
सच जैसा दिखने वाला अलंकृत झूठ!

अब निर्णय आपके हाथों में
आप क्या चाहते हैं–
सच या सच जैसा दिखने वाला अलंकृत झूठ?

रविता भाटिया

दरख़्त हमें सिखलाते हैं

आओ सब मिलकर वृक्ष लगायें,
बच्चों का इक खेल बनेगा, बूढ़ों का भारी समय कटेगा,
प्रकृति के हरियाले रक्षक, क्यों बन गये हम इनके भक्षक,
चलो फिर से रक्षक बन जायें, आओ सब मिलकर वृक्ष लगायें।
दरख़्त हमें ये सिखलाते है, तूफ़ानों से लड़ जाते हैं,
पतझड़ में गर ये झड़ जायें, फिर भी ये झूमें–मुस्कायें,
मित्रो, हम ये कर दिखलायें, आओ सब मिलकर वृक्ष लगायें।
अँधियारा सब छँट जाना है, पतझड़ गया बसन्त आना है,
फल–फूलों से लद जाना है, विनम्रता से झुक जाना है,
परोपकार की सीख सिखायें, आओ सब मिलकर वृक्ष लगायें।
जीवनदाता ये बने हमारे, फिर भी हमने पेड़ उखाड़े,
छोटे–मोटे स्वारथ के ख़ातिर, हम ख़ुद दुश्मन हुए हमारे,
भूले थे अब पथ पर आयें, आओ सब मिलकर वृक्ष लगायें।
जाति–धरम से ना कोई नाता, धूप में बनता सबका छाता,
भूखे पथिक की भूख मिटाता निराश्रय का आश्रय बन जाता,
चलो, हम भी कुछ शिक्षा पायें, आओ सब मिलकर वृक्ष लगायें।
जन्मदिवस होगा बस्ती में, तो वो पेड़ लगाएगा,
नन्हा शिशु आये जिस घर में, वो पौधे बँटवाएगा,
ख़ुशी का जब मौक़ा बनता हो, पौधा भेंट कराएगा,
बहुतेरा भुगता अब सुधर भी जायें, आओ सब मिलकर वृक्ष लगायें।
देखो, ये मेरा मरुधर अब, हरियाला बन जाएगा,

सूखी–बंजर धरती माँ पर, सावन झड़ी लगाएगा,
अब धोरों की धरती पर, रंगीला उपवन लहराएगा,
ठण्डी छाँव में बिस्तर बिछायें, आओ सब मिलकर वृक्ष लगायें।
कर खट्टमिट्ठे फलों का सेवन, बन जाओगे तुम सेहतमन्द,
फिर भी इनका करके दोहन, कैसे कहलाओगे ग़ैरतमन्द
आओ सबके ध्यान में लायें, दुनिया के संकट मिट जायें
दुखिया जग में ख़ुशियाँ छायें, अपना घर–आँगन आज सजायें
आओ सब मिलकर वृक्ष लगायें।

रोये इन्सानियत

बेकारी चहुँदिश पसरी भुखमरी और लाचारी है
इन्सानियत रोये रक्तिम आँसू कैसी ये महामारी है
संस्कार का क्षरण हो गया जीने का अब अजब ढंग है
काम बन्द है हाथ तंग है हाय कैसी रोटी की जंग है
घर खाली कर हो गये बेघर तजा गाँव अब खाये ठोकर
ग़रीबी ने बन गेंद घुमाया खेले सियासत सारी है
इन्सानियत रोये रक्तिम आँसू कैसी ये महामारी है
हाथ मदद के दूर अटक गये कटने को तैयार फ़सल है
जहाँ पाँव थे रुके वहीं पर जाने किन कर्मों का फल है
सज़ा उसी की भोग रहे हैं सूद बकाया आज असल है
पिस रहा किसान क़र्ज़े में उसकी फाकों से यारी है
इन्सानियत रोये रक्तिम आँसू कैसी ये महामारी है
बहा ले गया प्रलय जब–जब देवों ने अभिमान किया
ज्ञान–विज्ञान सब धरे रहे मानव क्यों अहंकार किया
सीमाओं में आज सिमट लो अब तक जो विस्तार किया
ख़ुद से ख़ुद की पहचान करा दी प्रभु तेरी लीला न्यारी है
इन्सानियत रोये रक्तिम आँसू कैसी ये महामारी है
स्वच्छ रहो और योग करो सिखाया ये इतिहास ने
बल दिया है इस संकट में सब्र और अभ्यास ने

लाओ जीवन सीधी पटरी पर कहा है ये विनाश ने
त्राहि–त्राहि मच गयी जगत् में पड़ी ये विपदा भारी है
इन्सानियत रोये रक्तिम आँसू कैसी ये महामारी है
दोहन और अतिक्रमण से धरती को झिंझोड़ दिया
शुद्ध हो गयी आज हवा विष था जिसमें घोल दिया
अप्रतिम रूप भरी कुदरत ने फिर से घूँघट खोल दिया
ईश्वरीय सत्ता–छेदन की क़ीमत विघटनकारी है
इन्सानियत रोये रक्तिम आँसू कैसी ये महामारी है
चमक–दमक की ये रफ़्तार जीवन को रास न आयी है
अपनी ग़लती आप सुधारो वक़्त दे रहा दुहाई है
क्षणिक चूक की मानवता ने मार करारी खाई है
सुधर जाओ बहुत खो दिया ख़तरनाक चिनगारी है
इन्सानियत रोये रक्तिम आँसू कैसी ये महामारी है

कचहरी

दिल के गहरे घाव दिखाना चेहरे पर ज़रूरी है
ये दुनिया भी सबूत माँगती हुई एक कचहरी है
अन्दर गहरी चोट खाये चेहरे से हँसा करोगे
महफ़िलों में ग़म छिपाये चुटकुले कहा करोगे
बच्चों संग खेलोगे बूढ़ों संग बतियाओगे
छाले अन्तस के छिपा–छिपा तुम नासूर बनाओगे
बस, ये समझो खुदकुशी की ये तुम्हारी अपनी मंजूरी है
ये दुनिया भी सबूत माँगती हुई एक कचहरी है
आते–जाते प्रश्न भरी निगाहें मिला करेंगी
छोटी–सी ये ज़िन्दगानी कितना सहा करेगी
एकाकी बनकर के तुम दिल को और दुखाओगे
बहुरूपियों की दुनिया में कहो कैसे जी पाओगे
इस नन्हे–से जीवन की अन्तहीन मजबूरी है
ये दुनिया भी सबूत माँगती हुई एक कचहरी है

चुप–चुप कितने ग़म झेले थे कैसे ये बताओगे
छुप–छुप कितना रोये थे पेश कहाँ कर पाओगे
हँसकर जो सितम झेले थे जुबाँ पर कैसे लाओगे
साल–दर–साल गहरे ज़ख़्मों पर ज़ख़्म कमाओगे
नूर न हो जब दर्द का तो ज़िन्दगी बेनूरी है
ये दुनिया भी सबूत माँगती हुई एक कचहरी है
मेरी मानो सही कोई अपना हमराज़ बना लो तुम
रिसते–गहराते घावों पर मरहम प्यार लगा लो तुम
तुम तो जी जाओगे साथी प्यारा मिल जायेगा
इस दुनिया को भी सबूत सहारा मिला जायेगा
प्रीत की संजीवनी चलती साँसों की धुरी है
ये दुनिया भी सबूत माँगती हुई एक कचहरी है

बड़ा हो गया अब विज्ञान

भ्रमित हो गयी दुनिया सारी बड़ा हो गया अब विज्ञान
इस गुमान में मानवता भी त्याग रहा देखो इन्सान
पहुँचा दिया तुम्हें शिखर पर छूने लगा वो अम्बर भी
समुद्रतल का शोधन करके चीर दिया है भूतल भी
जल में, थल में और अम्बर में धरती की गहराई में
हाँ, प्रगति पथ पर बढ़ो अवश्य पर सदा रहे तुमको ये भान
इस गुमान में मानवता भी त्याग रहा देखो इन्सान
हर बढ़ते क़दम खड़ा विज्ञान सुबहो–शाम के हर पल में
बटन दबाकर करें उजाला दिन–रैन किया अपने वश में
बिन मशीन दुश्वार हो गया जीवन अब घर–दफ़्तर में
समस्त काम अब करें मशीनें सिमटी दुनिया मुट्ठी में
पंगु करके आज मनुष्य को इतराता कैसे विज्ञान
इस गुमान में मानवता भी त्याग रहा देखो इन्सान
जीता दिमाग़ दिल हार गया इस दिल–दिमाग़ की छोड़ में
अहंकार सरताज हो गया इस वैज्ञानिक होड़ में

युद्ध हो गये अणु–विषाणु विकृत दिमाग़ की कोढ़ में
धँस जाये रसातल में न सब कब जाने किस मोड़ में
टुकड़े–टुकड़े बाँट धरा को आका बन बैठे शैतान
इस गुमान में मानवता भी त्याग रहा देखो इन्सान
रख छाती पर हाथ विचारो विज्ञान कहाँ से आया है
सच कहो उन्नति के नाम पे क्या खोया क्या पाया है
भावनाएँ–संस्कार खा गया बड़ा बवाल रचाया है
हद हो गयी अब तो मनुष्य ने हाहाकार मचाया है
ख़तरा है अस्तित्व पर गर छूट गया जो तीर से बाण
इस गुमान में मानवता भी त्याग रहा देखो इन्सान

स्वर्ग भी शरमाता है

भारत के वीरों की गाथा जब सुने स्वर्ग शरमाता है
जो माँ की रक्षा–ख़ातिर प्राणों की भेंट चढ़ाता है
जब पड़े देश पर कठिनाई और बैरी बम बरसाता है
विश्वासघाती हथियार लिए सीमा पर चढ़ आता है
छल–कपट आतंकी बल पर भूमि हथियाना चाहता है
तब, आर्यपुत्र ये सिंह वीर बैरी को धूल चटाता है
गिने दाँत जो शेरों के हाथों हाथी लुढ़काता है
भारत के वीरों की गाथा जब सुने स्वर्ग शरमाता है
क़दमताल से धरती काँपे और अम्बर फट जाता है
जोश देखकर बैरी धूजे चप्पा–चप्पा थर्राता है
रणचण्डी को रिझाने वाला विधि का लेख मिटाता है
मिट्टी पर मिटना जाने ये शीश कभी न झुकाता है
क्या बखाने इनकी महिमा मोल स्वर्ण से ज़्यादा है
भारत के वीरों की गाथा जब सुने स्वर्ग शरमाता है
फ़ौलादी टैंकों के संग वो लाये जेट–विमान भी
गिरगिट ड्रैगन रंग बदल रहा साथ है पाकिस्तान भी
गटक जायें विध्वंसक तोपें भारत के ये वीर जवान

बैरी को दे पटखनी लहरायें तिरंगा आसमान
दुष्ट–नीच दानव दुश्मन मानवता को गलियाता है
भारत के वीरों की गाथा जब सुने स्वर्ग शरमाता है
माँ जहाँ कोख में सिखला देती क्षत्रिय को रणखेती करना
मिट जाना पर धरा न देनी माता की आन सदा रखना
बाँध पीठ पर वीर पुत्र झाँसी तलवार चलाती थी
सोलह शृंगार कर पद्मिनियाँ जौहर का खेल रचाती थीं
भैरव राग में लोरी सुनकर जिसका बचपन जाता है
भारत के वीरों की गाथा जब सुने स्वर्ग शरमाता है
वन्दन करते इस माटी का जो वीरों की रणधीरों की
ब्रह्मोस सुखोई भीष्म टैंक और दुधारी शमशीरों की
सिर कफ़न बाँध लड़ने वाला ये उमर पचीसी लाता है
माँ की रक्षा का ज़िम्मा ले माथा दे मोल चुकाता है
माता उसकी पर्व मनाती जब पुत्र वीरगति पाता है
भारत के वीरों की गाथा जब सुने स्वर्ग शरमाता है
इनसे भिड़ना आसान नहीं बैरी क्यूँ नाक कटाये
सोया शेर जगाकर तू क्यूँ अपनी मौत बुलाये
इनके पाँव रुके नहीं जब बात न्याय–धर्म पे आये
काज धरा के ये हैं जन्मे सवा लाख से एक लड़ाये
अर्पित हो इनके चरणों में पुष्प यहाँ इतराता है
भारत के वीरों की गाथा जब सुने स्वर्ग शरमाता है

सीमा शेखर

जल

क्षणिक! पल छिन
अनमोल ज़िन्दगानी है।
बहुमूल्य अमूल्य
आहों की गन्ध समेटे
हर्ष का चन्दन बिखेर
संघर्ष के थपेड़े में, प्रेम का सिहरन बन
पल–पल व्यर्थ न जाये, स्नेह की ख़ुशबू बिखेर
क्रोध नफ़रत उपेक्षा अभिमान को घोल
हर्ष से लहरा, हर्षा जग को
मानवता की कर आराधना
सिर झुकाकर
हाथ से हाथ मिला अभिमान जला
बन जा तू 'जल'
समेट उर में, कंकड़ पत्थर
अर्पण हो 'ईश्वर' पर।

उत्पत्ति हूँ

नारी हूँ! नर की पूरक
अनुभूति हूँ जग के वांछित उमंगों की
अविरल प्रेम की रसधारा में बहती जाती हूँ!

मेधा से धनवान!
जानता पुरुष बलवान।
कोमल किसलय–सी नाजुक
संकल्प पाषाण समान।
वेदों में विदुषी ब्रह्म स्वरूपिणी
गृहिणी गृहलक्ष्मी पाक निपुणी
उमंगों के पंख लगाये उड़ती।
उत्पत्ति हूँ! उपेक्षा नहीं!
मैं प्रभा प्रज्ञा ध्वजा कृपाण
ताप तुषार रश्मि समान!!
चुनौती को सहज स्वीकार
अधिकारों से सजग।
हूँ अशक्त नहीं, सशक्त मैं
संकटों में बनी दुर्गा भवानी
जननी हूँ! जनती
वसुन्धरा के श्रेष्ठ मनुज को
नारी हूँ! सृष्टि की पूरक।

नारियाँ

नदिया हैं, नदी की धार हैं नारियाँ
झरना हैं पतवार हैं नारियाँ
वह लहर हैं वही भँवर हैं वही किनारा हैं
नाव भी कहीं मँझधार हैं नारियाँ
कभी संकट एक सुविधा
आँखों में बसा प्यार हैं नारियाँ
जो किसी के कड़वे बोल से टूट जाता है
भावनाओं का निर्मल तार हैं नारियाँ
ज़िन्दगी हैं! ज़िन्दगी की यही हक़ीक़त हैं
यूँ समझिए ज़िन्दगी का सार हैं नारियाँ।

एक पर्वत उसकी चोटी हैं वह
आँगन, देहरी, घर–द्वार हैं नारियाँ
वह पुरुष को शिखर पर खड़ा कर देती हैं एक दिन
नित नये कीर्तिमान गढ़ती हैं नारियाँ
वह किसलय कली एक पत्ती हैं
टूटने को हरदम तैयार हैं नारियाँ
पुस्तक जिसे मैं रोज़ पढ़ती हूँ
कुछ निगाहों में महज़ अख़बार हैं नारियाँ!!

ममता की चादर

बेटियाँ प्यारी
जग में न्यारी
हिदायतों के दायरे में
पाली जाती हैं।
बेटे प्यारे आँखों के तारे
हरदम दुलारे जाते
बेलगाम राहें नहीं कोई बन्दिशें
नहीं कोई हिदायतें
सब तो नहीं पर कुछ हो जाते गुमराह
जिससे समाज हो रहा शर्मसार
शोषण–सभ्यता, राक्षसी कहर
यथार्थ के सीने में उद्‌घाटित करता है
देश और समाज का
शीश शर्म से झुकता है
ऐसे में हे नारी कर स्वयं का
विश्लेषण!!
ममता की लम्बी चादर
जो तुमने फैलाई थी
अपने लाल के ऊपर
वह बेटी की चादर से बड़ी तो नहीं?

सदियों के संस्कार मन से यूँ हीं नहीं जाते
बेटा ख़ास बेटी पराया धन
भेदभाव की जड़ कुण्डली डाले बैठी है
अन्तःस्तल में कहीं
बन्दिशों की बेड़ियों में
तुम जकड़ी थीं कभी
निकाल फेंक उसे अब
लालों को भी संस्कारों से सँवार
बन्दिशों में बाँध दे लगाम
तोड़ दे पुरानी रिवायतें
दुलार दे समान
भर संस्कार नये
दोनों हैं सृष्टि की अनुपम कृति
दोनों में ममता की चादर
बराबर कर दे

रक्तबीज

सरस आदिवासी!
जल–जंगल–ज़मीन–
यही उनकी दौलत
वनवासी आदिवासी
ख़ुशहाल जीवन मस्ती मृदंग की
अपनी धुन और महुए की फूलों के नशे में मग्न
सतरंगी उल्हास से महकता जन यौवन
दूर विदेशों से धीरे–धीरे रक्तक्रान्ति की बयार
आ पहुँची उनके घर–द्वार
बिन बुलाया मेहमान
गुणियों को बुद्धिमानी पढ़ाने
आस्था विश्वास को आघात पहुँचाने
उसने बहकाया–बरगलाया

अपने पक्ष में करने की होड़ में
प्रलोभनों की थैली खोल
बात फिर भी नहीं बनी तो
बन्दूक़ की नोकों से गुर्राया
अब वह जिरहबख़्तर पहन जमकर बैठे हैं
उनकी छाती में
साँस लेना है मुश्किल
ख़ौफ़ के साये में हर साँस
दनदनाती गोलियों की बौछार
बारूदी धमाकों की गूँजों से
पल भर में सब ख़ाक
हर तरफ़ सन्नाटा, हर ओर श्मशान
सहमा दुबका जंगल का दिल
बाहरी मेहमान के आने से जंगल ख़ामोश
ख़ौफ़ के साये में 'गुनिया' आदिवासी
जीना कर दिया दूभर
साथ दे तो देश से गद्दारी
साथ न दे तो प्राण से
रक्त बहाना ही जिसका काम है—कायर
बेबस वनवासियों की आड़ में करता
हिंसा का ताण्डव
नववधुओं की माँग उजाड़
माताओं की छाती चीर
बिलखते अनाथ बच्चों की कराह
जवान–जहान सैनिकों के पीठ पीछे वार कर
देश से विद्रोह करवाता है
रक्तपात मचाता है।
उन्हें, उनके सरल जीवन से वंचित रख
अपना उल्लू सीधा करता है।
उनके जंगल में घुस आया है, 'रक्तबीज' एक
जो हो गया अनेक!!

एन. पद्मावती

गर्दिश-2019

आये हैं दिन गर्दिश के,
अचानक, अनअपेक्षित।
छोटा–सा किन्तु सशक्त विषाणु
कोविड–19 ने है मचाया हाहाकार,
है हैरान–परेशान हर इन्सान, आज
दुनिया भर में।

नवजात, युवा, बुजुर्ग
हिन्दू, मुस्लिम, सिख, ईसाई,
स्त्री–पुरुष, अमीर–ग़रीब,
चिकित्सक–रोगी, पशु–पक्षी
करे किंचित न पक्षपात यह
बख़्शे न किसी को, जो
आया चपेट में इसकी
दुनिया भर में।

घरों में क़ैद इन्सान है,
जीवन है हुआ, अस्त–व्यस्त।
मोहताज हुआ हर देश,
मुखौटों, वायु–प्रवाहकों और
व्यक्तिगत सुरक्षा उपकरणों का,

‘अर्थ’ है हुआ, अर्थहीन आज,
दुनिया भर में।

स्वच्छन्द हो, सैर पर हैं निकले,
गाँवों, नगरों के नज़ारों का उठाने लुत्फ़
विरल पशु और पक्षी,
दुनिया भर में।

शायद गया भूल, बुद्धिजीवी कि
प्रकृति के अन्य जीवों का भी है, हक़
अवनी–अम्बर, अग्नि, तोय और पवन पर
दुनिया भर में।

सदियों बाद है मिला मौक़ा
स्वयं, प्रकृति को भी,
मानव के ताण्डव फलस्वरूप,
गरलयुक्त जल–वायु से मुक्त
स्वच्छ समीर में,
साँस लेने, हिलने–डोलने का
दुनिया भर में।

कड़वा क्यों न हो, पर
है सत्य यह आज का।
बौने, खोखले दीखने लगी हैं,
महान वैज्ञानिक, राजनीतिक,
सामाजिक, भौगोलिक और
आर्थिक शक्तियाँ, आज
दुनिया भर में।
हर दिल की धड़कन से
निकले, ध्वनि एक ही

हे राम! अल्लाह! जीसस!
वाहे गुरु! बचा लो हम सबको
'कोरोना' के इस कहर से,
दुनिया भर में।

बाढ़

चले थे हम केरल बिटिया को ब्याहने
सगे, सम्बन्धियों, दोस्तों, सहेलियों
की एक–दूसरे के साथ नोक–झोंक,
ख़ूब लूटा मज़ा, रेल यात्रा का सबने।
पहुँचे प्रातः हम सब 'कालड़ी' (केरल)
आसमान दुरुस्त था और मौसम ख़ुशनुमा
शनैः–शनैः बदला मौसम ने रुख़ यूँ,
छाने लगे कजरारे बादल, मिनटों ही में
बरसने लगी बारिश मूसलाधार, कल्पनातीत!
शायद ही देखी हो किसी ने, शतकों में बरसात ऐसी
हुई सरकार मजबूर खोलने सारे बाँधों को एक साथ,
उल्टे पाँव, हुए मजबूर बाराती लौटने को
बढ़ा स्तर पानी का अचानक यों कि,
जीव–जन्तुओं को मिला न मौक़ा सँभलने का भी,
स्रोत जल के सारे तट पार,
घरों, मन्दिरों, मस्जिदों, गिरजाघरों
को लगी छूने, बच निकलने के
हुए बन्द रास्ते सारे, आहिस्ते–आहिस्ते।
देखा वह भयावह मंज़र,
हमने मंज़िल से दूसरी।
झोपड़ियाँ, घर, बंगले, जानवर और
गाड़ियाँ होने लगे जलमग्न।
कितनों के न जाने उड़े प्राण, उजड़े घर,

बहते जल में नारियल, ट्यूबलाइटें, जूते,
कपड़े, बर्तन, निर्जीव मछलियाँ,
पशु–पक्षी, बूढ़े, बच्चे, नौजवानों को।
उठे प्रश्न मन में सबके अनेक,
लगा, कहीं यह प्रकृति संग
मानव के खिलवाड़ का तो नहीं नतीजा?
प्रार्थना है ईश्वर से, शीघ्र बहाल हो हाल केरल में।

सुनीता जाजोदिया

कहती है बिटिया...

बिटिया है अनमोल, बोलो यह मीठे बोल।
मानवता की ये बेल, जीवन में देती रस घोल।।

क्यूँ हो मुझसे शर्मसार, ईश्वर का मैं उपहार।
जीवन है मुझसे गुंजार, मानव की मैं सृजनहार।।

मिटाओ न कोख में, मिटा लो मन का मैल।
कोसो न क़िस्मत को, छोड़ो कुरीतियों का खेल।।
अबला मेरी प्रकृति सही, कायरता मेरी कहानी नहीं।
संघर्ष मेरी नियति सही, हार मेरी ज़ुबानी नहीं।
शोषित मेरी अस्मिता सही, ठोकर मेरी मजबूरी नहीं।
अवांछित मेरी ज़िन्दगी सही, साँस मेरी पराधीन नहीं।।

औरत

शुक्र है ख़ुदा का
मैं औरत हूँ।
बुरे समय में छोड़ती न साथ
अपनों को कोसती न हर हाल
टूटकर भी बार–बार
करती दुआएँ बारम्बार

शुक्र है ख़ुदा का
मैं औरत हूँ।

सूखने न देती प्रेम की गंगा
हिलने न देती भरोसे की नींव
बिखर कर भी बार–बार
बीनती रिश्तों के मोती हज़ार
शुक्र है ख़ुदा का
मैं औरत हूँ।

पुरुष सत्ता के अंगारों से
झुलसता है तन–मन मेरा
क्षमा की संजीवनी पीकर
जिलाया ख़ुद को हर बार
शुक्र है ख़ुदा का
मैं औरत हूँ।

माना पुरुष बिन अधूरी हूँ
अस्तित्व न कोई पहचान है मेरी
फिर भी शुक्र है ख़ुदा का
ममता की उर्वरा धरती हूँ
अहं का बंजर बीज नहीं
उगता न जिसमें कभी कोई अंकुर है
शुक्र है ख़ुदा का
मैं औरत हूँ।

इस बार न मैं जलूँगी

हर साल मुझे जलाते
बजाकर ढप–ढोल–नगाड़े

अब और नहीं सह सकती
इस बार न मैं जलूँगी
मैंने है यह ठानी।

सुन वचन यह होलिका के
चकराये सभी नर–नारी
छूटे पसीने आयोजकों के
खिसक लिए थे तिलकधारी।

मंगल वेला ये होलिका दहन की
खील बताशे जौ की बाली
अबीर गुलाल आरती की थाली
होलिकोत्सव की थी पूरी तैयारी।

करबद्ध भक्तों ने की पुकार
माते! कलयुग यह घोर अपार
करो न जलने से इनकार
कैसे खेलेंगे होली, गा न सकेंगे फाग
तपते जीवन का, होली ही इक आधार।
धधकते मोहल्ले दहेज से
अस्मत से खेलते होली
भस्म हो रही हिंसा अनल में
अनगिनत बहू–बेटी भोली।

छिपकर बैठी मन के भीतर
होलिकाएँ कई हज़ार
हो यदि उनका दहन
राख बनूँ मैं हो मगन।
इस प्रकार निरन्तर
होलिका थी सुलग रही

मन–ही–मन सिसक रही।
कुछ पल थी भीड़ ख़ामोश खड़ी।

तभी कहीं से
आ गिरी इक चिनगारी
घिर गयी होलिका लपटों में
और झूम उठे होली के मतवाले
बजा–बजा ढप–ढोल–नगाड़े।।

महामारी-दर्शन

आसमाँ था जिन्हें छोटा, धरा पर उतरे वो
घुड़दौड़ में लगे मानव ने, चैन की बंसी बजाई।

ट्रैफ़िक न प्रदूषण की समस्या, सड़कों ने ली अँगड़ाई
वीरान शहर बने जंगल, पशु मुक्त, मानव क़ैद हुए।

राजा हो या रंक सभी पर विपदा इकसार आई लगा
ब्रेक जब कमाई पर बचत का सन्देश लाई।

अस्पृश्यता व्यवहार बन छाई, दूरियों की संहिता आई
मुख–पट्टी का कायदा लाई, सफ़ाई भी संग लाई।

लक्ष्मण रेखा का बन क़ैदी, परिचित हुआ दीवारों से
बेटा मिला जब पापा से, बूढ़ी हड्डियाँ मुस्काईं।

न मन्दिर न मस्जिद के आडम्बर, सेवा ही सच्ची भक्ति
डॉक्टर नर्स की ड्यूटी ही, गोविन्द–लीला न्यारी।
कोरोना ने परिवर्तन की, ऐसी हवा बहाई
जीवन को जीने की जिसने नयी दिशा दिखलाई।

विषाणु ने जब तबाही मचाई, प्रकृति की सुध तब आई
भौतिकता से मुँह मोड़कर, जड़ों से जुड़ने की क़सम खाई।

नव वर्ष

मैंने पूछा नव वर्ष से
सूरज वही, सवेरा वही
आकाश वही, उजाला वही
हवाओं का चलना भी वही
नदियों का बहना भी वही
सागर का गरजना वही
लहरों का मचलना भी नया नहीं
फिर क्यों तुम इतना इठलाते–इतराते
नया व्यर्थ ही कहलाते।

सुनकर मुस्कुराया साल नया
हौले से फिर यह बतलाया
क्षणभर के लिए मैं नया
फिर वक़्त मेरा ख़त्म हो जाता
सदी के पास मेरा खाता पुराना
मैं तो केवल एक बहाना।
नयी होती है दृष्टि
बदलती जिससे सृष्टि
नया होता है भाव
भुला देते जो घाव पुराने
नयी होती है आशा
बोती जो कर्म की अभिलाषा
नया होता है उत्साह
ले चलता जो उन्नति की राह।
क्षणभर ठिठक कर

कानों के समीप आकर
बता गया वह राज़ नया
भीतर पैठे अँधेरों को चीर
सूरज बन उगता जो धीर
महामानव ऐसे का करने अभिनन्दन
मनाता उत्सव जन–जन सानन्द।।

एन. लक्ष्मी

ओस से नहला जाओ

हो रही बरसात यहाँ पर
ओस से नहला जाओ।
रसराग तरसाती जहाँ पर
अनुराग में बस खो जाओ।
दो दिलों के मेल से अब
नया जहान बसा जाओ।।
ओस से नहला जाओ...।

खो गये दो दिल यहाँ पर
शीतल वक़्त के आगोश में।
साँस अनिल हुआ जहाँ पर
अनुरक्त आलिंगन पाश में।
वासना नहीं ये मिलन मन का
हृदय व्योम रमते जाओ
ओस से नहला जाओ...।

नभ के सितारे देते जहाँ पर
फ़रमान दिल के इस खेल में।
बादल खड़ा बेसुध वहाँ पर
शाखा मौन फूल के जाल में।

जगी आस मन में अली के,
कातर है कली अनुराग में
रास–राग में बस खो जाओ
फिर ओस से नहला जाओ।।

लफ़्ज़ हैं, ख़ामोश चमन में !
इशारों से बातें करते हैं नैन।
खोये हैं सारे अपने ही धुन में
संवाद करता, दिल की धड़कन।।
मन की हलचल फिर देती सन्देसा
कभी दूर मुझसे मत जाओ,
ओस से नहला जाओ।।

वो कामुक आँखें

मुझे बार–बार!
ऐसा क्यों लगता है?
कि, वो... दो आँखें, बड़ी–बड़ी,
हमेशा काट–खाने को तैयार,
मेरे इर्द–गिर्द घूमती रहती हैं...!!
'और'...
इस आभास मात्र से
मेरा तन–मन,
एक मूक वेदना से
तड़प उठता है...
और मेरे शरीर का प्रत्येक
रोम सिहर जाता है,
मेरे कान खड़े हो जाते हैं,
मस्तिष्क आने वाले ख़तरे से
सचेत हो जाता है।

ठण्ड में ठिठुरते बदन सा
सारा अंग भय से
काँपने लगता है,
किन्तु भेड़िये जैसी वो आँखें
मेरे शरीर पर टूट पड़ने के लिए
मुँह से टपकती लार
मेरे अन्दर घिन उत्पन्न कर जाती है।
रक्षा की चेष्टा का हरसम्भव प्रयास
मैं करती रहती हूँ, बावजूद
वह अतृप्त आँखें मुझे
नोच ही जाती हैं,
और...
इस भद्र समाज की भद्र महिलाएँ
भी मुझ पर उँगली उठाकर
मुझे ही दोषी ठहराती हैं,
बड़ी चालाकी से भेड़ियों
की वो आँखें
विजय प्राप्ति की मुस्कान लेकर
भीड़ में खो जाती हैं, और
मैं असह्य वेदना से जीवनभर
तड़पने के लिए, मजबूर हो जाती हूँ।।
आख़िर मेरी क्या ग़लती थी??
'लड़की बनकर पैदा होना'!!!

मैं पेड़ हूँ, तुम हो पाती

मैं पेड़ हूँ, तुम हो पाती
मैं हूँ रूखा, तुम लहराती
हरियाली से मदमाती तुम
जीव-जीव में प्राण हो भरती।

अपनी बाँहों में भरा है मैंने
प्यार तुम्हीं से किया है मैंने
इक–दूजे के संग हम दोनों
सृष्टि नयी हर बार रचेंगे।

पाती तुम हो प्राण सखी
रक्त संचार करते न थकी
तुम बिन मैं हूँ अधूरा।
मेरे बिन तुम हो अधूरी।

फूल खिले अपने बगियन में
महके धरती नये रंगों में
मोह लिया हमने है सबको
सावन बसन्त बहार जो बनके।

सुमन सिंह सेंगर

एक मज़दूर का दर्द

साहिब अब न आयेंगे यहाँ ऐसे कीच में
अब जियेंगे–मरेंगे अपनों के बीच में
खपाया अपना जीवन जिनके वास्ते,
हमें छोड़ा उन्होंने लाके बीच रास्ते
आये थे परदेश बड़े सपने सँजोकर
जा रहे हैं अब यहाँ से सब कुछ खोकर।
फँसेंगे न अब यहाँ के मृग–मरीचि में
साहिब अब न आयेंगे यहाँ ऐसे कीच में।
ग़रीबी भुखमरी से हम मजबूर हो गये
जब कुछ न बने तो बस मज़दूर हो गये,
आँख दिखाकर गये, पीड़ा देकर गये
पापी पेट की ख़ातिर घर से दूर हो गये।
जो दिखते थे दयालु अब वही क्रूर हो गये।
हमें धिक्कारते हैं ये अब अपनों के बीच में
साहिब अब न आयेंगे यहाँ ऐसे कीच में।
चमकाते ये राजनीति हमें मोहरा बनाकर
बहकेंगे न अब इनकी झूठी सहानुभूति पाकर
हम जानते हैं कारण क्यों खा रहे हैं ठोकर?
ये ढूँढ़ते हैं मौक़ा जैसे ताश के हैं हम जोकर
पहुँच चुके है मौत के मुँह में हम,
इनकी खींचमखींच में हम

साहिब अब न आयेंगे यहाँ ऐसे कीच में
पूछता हूँ कहाँ कमी रही मेरे योगदान में
हमने तन–मन समर्पित किया अपने राष्ट्र निर्माण में
पूछता हूँ क्या मिला हमें अपने संविधान में
पूछता हूँ क्या वजूद है हमारा हिन्दुस्तान में
अब दम न है त्याग का इस नव दधीचि में
साहिब अब न आयेंगे यहाँ ऐसे कीच में
अब जियेंगे मरेंगे अपनों के बीच में।

चिन्ता के समय मानव का चिन्तन

सुन मानव किस बात की अकड़
किस बात का था अहंकार,
प्रिय रचना थी परमेश्वर की
उनका ही भूला उपकार।
मैं एक छोटा विषाणु कोरोना
रचनहार की ही कृति हूँ,
तू भूल बैठा था स्वयं को
इसलिए मैं तेरी दुर्गति हूँ।
कोई अमीर था कोई ग़रीब था,
कोई बड़े पद वाला, कोई मन्त्री तो कोई भू–स्वामी था
सबको किसी–न–किसी बात का था गुमान
भूल गया उसी को जो सबका था रचनहार।
यहाँ कोई हिन्दू थे, ईसाई थे,
सिक्ख थे और मुसलमान
बटे थे वर्णों में, जातियों में, पन्थों में,
लेकिन बहुत कम थे इन्सान।
बड़े–बड़े देश हों या बड़े कारोबारी,
जो समझते थे स्वयं को शक्तिशाली
विषाणु के एक छोटे झटके से ही,

हो गये सबके ख़जाने खाली।
कहाँ गयीं इनकी तोपें और मिसाइलें
कहाँ गये लड़ाकू जहाज़ और एटम बम,
कहाँ है तड़क–भड़क पोशाकें और हीरे–जवाहरात
कहाँ हैं लाल–पीली आँखों वाले तेवर,
हो गये सब बेदम।
नहीं है किसी में मेरा प्रकोप सहने की सामर्थ्य
कोरोना विषाणु से बचने का बस एक है उपाय
चिन्तन करने से हम पहचान जायेंगे उस अलौकिक सत्ता को
कि मान ले लॉकडाउन का आदेश,
चला जा एकान्त में, पहचान स्वयं को,
हम सभी के लिए यही है प्रभु सन्देश।

दीप की वेला

आओ मंगल दीप जलायें,
माँ भारती के कष्ट मिटायें,
आओ सब मीत बन जायें
आओ मंगल दीप जलायें।
समय एकजुट होने का है,
पूर्ण सम्प्रति होने का है,
भाईचारा सहिष्णुता से
प्रेम के बीज बोने का है
नफ़रत, द्वेष और घृणा की आओ मिल दीवार गिरायें
आओ मंगल दीप जलायें।
दुर्गम पथ है, विषम परिस्थिति
भय के कारण बिगड़ी मनःस्थिति
जर्जर हो रही देश की स्थिति
कुछ भटके हुए लोगों के कारण हो रही दुर्गति
दृढ़ निश्चय कर, तत्पर होकर ऐसों पर अंकुश लगवायें

आओ मंगल दीप जलायें।
उठो देश के राजदुलारे
तुम्हें माँ भारती पुकारे
कोई ग़रीब भूखा न सोये
बन जाओ उनके तुम सहारे
थोड़ा–थोड़ा करके ही आओ मिल ये पुण्य कमायें
आओ मंगल दीप जलायें।
अवसर है कुछ करने का
कर्तव्य मार्ग पर है चलने का
यदि देश भक्ति का जज़्बा है तो
माँ को कुछ अर्पण करने का
करने का जो भी दृढ़ है, कुछ तो माँ का ऋण चुकायें
आओ मंगल दीप जलायें।

सरोज नागराजन

क्योंकि मैं लड़की थी

क्या कोई बताएगा मुझे?
मेरी क्या ग़लती थी?
आँखें खोलने से पहले
साँसें क्यों बन्द कर दी थीं।

माँ तू तो देती साथ मेरा
ममता तेरी क्यों न तड़पी थी,
तेरा तो कुछ पता नहीं माँ, पर
तेरी ममता को मैं तरसी थी।

पापा पक्षपात क्यों संग मेरे
ऐसी भी क्या कड़की थी,
भ्रूणहत्या सिर्फ़ इसलिए कि
लड़का नहीं मैं लड़की थी।

कभी सोचा न था

क्या कभी सोचा था, ऐसा भी दिन आयेगा,
करेंगे दूर से ही नमन, गले न कोई मिल पायेगा।
होगा वक़्त पास सभी के, पर लुत्फ़ न उठा पायेगा,
होगा साफ़–सुथरा पर्यावरण, साँस चैन की न ले पायेगा।

ढँका होगा हर चेहरा नक़ाब से
मुस्कुराता चेहरा न देख पायेगा,
आयेगी याद उनकी जो दूर हैं
जो पास हैं उनसे मिल न पायेगा।

सूनी हैं सड़कें, हाईवे हैं खाली
पर कोई कहीं न जा पायेगा,
न ही किसी को बुला पायेगा
सोचा न था ऐसा वक़्त आयेगा।

सुन ओढ़ न मायूसी का आँचल
चल थाम के दामन उम्मीदों का,
देकर कुछ खट्टी–मीठी यादें
वक़्त ही तो है गुज़र जायेगा।

माना गुज़र रहे हैं बुरे दौर से
थम–सी गयी है यह ज़िन्दगी,
उतरेगा नकाब हर चेहरे का
फिर हर चेहरा खिलखिलायेगा।

वक़्त न ठहरा है न कभी ठहरेगा
घूमता रहेगा कालचक्र का पहिया,
गिर–गिर कर उठा है इन्सान हरदम
ये वक़्त उसे कभी न हरा पायेगा।

हो जैसा भी ये वक़्त गुज़र,
यह महज़ एक सपना रह जायेगा,
अच्छा वक़्त लौटकर फिर आयेगा,
वक़्त ही तो है, ये भी
गुज़र जायेगा।

वो लौट आयेंगी

देखकर मुझे उदास, बोली तन्हाई आकर पास,
तुम तो तन्हाई पसन्द हो, फिर क्यूँ बैठी हो उदास।

कुछ बताओ शायद, काम तुम्हारे आ सकूँ,
चेहरे की मायूसी को, दूर मैं भगा सकूँ।

मैंने कहा, उदास नहीं, परेशान हूँ मैं,
सोचकर कुछ, हैरान हूँ मैं।

हाँ, तन्हाई में रहना, पसन्द है मुझको,
क्यूँकि मैं, तन्हाई पसन्द हूँ।

ख़ुश थी मैं, तन्हाई में,
क्यूँकि वो है, मेरी अपनी,
पर यह तन्हाई, तो है मजबूरी।

मेरी तन्हाई में, न डर है और
न है कोई ख़ौफ़
इसमें है आज़ादी, और स्वतन्त्रता क्योंकि
है वो मेरी अपनी, प्यारी तन्हाई।

पर यह तन्हाई, डर और दहशत
से भरी है, हर इन्सान के
चेहरे पर बसी है।

पास होकर भी, सब दूर–दूर हैं
एक–दूजे से न मिलने को मजबूर हैं।

रहकर अपने, घरों में अब,
जी रहे हैं
तन्हाई में सब।

बताओ तुम्हीं
रहूँ न कैसे

मैं उदास,
तो बोली तन्हाई
आकर पास।

मुसीबत भरे ये दिन
भी गुज़र जायेंगे
वो गुज़रे लम्हे फिर
लौटकर आयेंगे।

होगीं ख़त्म सब बन्दिशें
सब मिल मौज मनायेंगे,
प्यारी तन्हाई का हम
फिर से लुत्फ़ उठायेंगे।

ग़म न कर,
न हो तू उदास
दूर नहीं
वो दिन है पास।
जब चहुँ ओर
ख़ुशियाँ छायेंगी,
कुछ दिनों में यह
तन्हाई चली जायेगी।

तेरी मन चाही
तन्हाई लौट आयेगी
हाँ वो तन्हाई
फिर आयेगी,
हाँ वो फिर
लौट कर आयेगी।

मोहिनी चोरड़िया

मेरे मन

मेरे भीतर
एक आकाश
कई सूर्य, कई चन्द्र, कई आकाशगंगाएँ
तारों की झिलमिलाहट
उष्णता, शीतलता, धवलता, कलुषता भी
संवेग, आवेग, आवेश का फैलाव, तो
प्यार, प्रेम, सुख और
आनन्द की लहर भी अन्दर
इस आकाश से रू–ब–रू होने की
कोशिश में लगी हूँ
बीत रहा है जीवन
छोड़ते–भागते
और
जीवन की इस छोड़ में
धीरे–धीरे सब खुल रहे हैं
सामने आ रहे हैं
एक–दूसरे पर
हावी भी हो रहे हैं
कौन जीतेगा?
मैंने मन को कहा
धीरे से,

दुलार से, प्यार से
बस एक मुस्कान...
पिघल जायेंगे सब
शान्त हो जायेंगे
जीत जायेगा जीवन।

स्त्री और प्रकृति

स्त्री और प्रकृति
प्रकृति और स्त्री
कितना साम्य?
दोनों में ही जीवन का प्रस्फुटन
दोनों ही जननी
नैसर्गिक वात्सल्यता का स्पन्दन,
अन्तःस्तल की गहराइयों तक,
दोनों को रखता
एक धरातल पर
दोनों ही करुणा की प्रतिमूर्ति
बिरले ही समझ पाते जिस भाषा को
दोनों ही सहनशीलता की पराकाष्ठा दिखातीं
प्रेम लुटातीं उन पर भी,
जो दे जाते आँसू इन्हें,
आहत कर जाते,
छलनी बना देते इनके मन को,
कुचल जाते, रौंद जाते इनके तन, बदन को,
दुनिया की स्वार्थलिप्सा का शिकार
बनतीं बार–बार
लेकिन माफ़ कर जातीं हर बार
गफ़लत में जी रही दुनिया,
ये नहीं समझ पा रही

जब जागेंगी, दोनों,
जननी और जन्मभूमि,
स्त्री और प्रकृति
दिखा देंगी अपना रूप,
महिषासुरमर्दिनी का
करेंगी संहार असुरता का, क्रूरता का
करा देंगी साक्षात्कार
पीड़ा के उस दंश का, जो
मिलता रहा आजीवन इन्हें
अपनों से ही।

जीवन की क्षणभंगुरता

मैं
तन्हा ख़ामोश बैठी
एक दिन
निहार रही थी
अपना ही प्रतिबिम्ब
ख़ूबसूरत झील में
कई पक्षी क्रीड़ा कर रहे थे,
नावों में बैठे
कई जोड़े
अठखेलियाँ करती
सर्द हवा को गर्मी दे रहे थे।
झील के किनारे खड़े
ऊँचे–ऊँचे दरख़्त भी
हिल रहे थे, गले मिल रहे थे,
तभी एक चील ने
अचानक तेज़ी से
गोता लगाया

किनारे आयी मछली को
मुँह में दबा, जीवन क्षणभंगुर है
यह एहसास कराया।
आज जो प्रतिबिम्ब
दिखे थे पानी में
कल वो रहेंगे या नहीं
यह समझाया।
अगले दिन झील पर
अलग ही समाँ था, न सर्द हवा
न दरख़्तों का हिलना
झील के ठहरे से पानी में
कश्तियों का बहना,
थोड़ा कोलाहल, ठहरी कश्ती में बैठी मैं
निहार रही थी
झील के पानी में
गोता लगाते
सूरज के प्रतिबिम्ब को,
शान्त नीरव साँझ की
उतरती पालकी को,
कुनमुनाती धूप
विदा हो रही थी,
झील के चमकते पानी
रात अपना डेरा डाल रही थी,
सूरज एक दिन
निगल चुका था।

गौरवांजलि

(शहीद की पत्नी के नाम एक पत्र)

अपने मन को मुरझाने मत देना
अपने बच्चों की दुनिया को

कुम्हलाने मत देना, बच्चे...यदि पापा से
मिलने को मचलें...तो उन्हें
समन्दर की लहरें दिखा लाना,
बगीचे में जाकर, फूलों की ख़ुशबू सुँघा लाना।
क्या हुआ जो एक ज़िन्दगी ने,
अपने अनगिनत बसन्त, देश के नाम लिख दिए?
लोग पतंगों की मानिन्द जीकर,
इस दुनिया से विदा हो जाते हैं!
तुम फ़ख्र करना कि, तुम्हारे पति ने अपना चोला
बसन्ती रंग लिया, देश के लिए अपनी जाँ
निसार कर गया, इतिहास अपने वतन के
इन शहीदों की मिसाल को,
अपने पन्नों पर, सुनहरे रंग की छटा से सराबोर रखेगा,
शहादत के नाम पर...
मैं समझ सकती हूँ, ज़िन्दगी...
भुलावे में नहीं जी जा सकती
मैं समझ सकती हूँ, ज़िन्दगी छलावे में नहीं जी जा सकती
लेकिन...हिम्मत से काम लेना,
तुम उस देश की मिट्टी में जन्मी हो, जहाँ
हर पल–हर क्षण,
एक माता, शहीद को जन्म देती है,
ये राजस्थान, ये पंजाब,
ये महाराष्ट्र,
ये सारे हिन्दुस्तान की धरती है,
जो शहीदों की शहादत की कहानी कहती है,
स्वयं आँसू पी लेना
नाज़ करना अपने शहीद की पत्नी होने पर
गरल पीने वाले ही शिवशंकर बनते हैं,
मत समझना इन्हें शब्दों की कोरी सहानुभूति
ये है एक नहीं, अनेक संवेदनशील

भारतवासियों की, गौरवांजलि
शहीद की शहादत की सुगन्ध,
इस देश की
ये बासन्ती हवाएँ पहुँचायेंगी, सरहद के पार
जहाँ कोई,
उस वतन की तुम्हारी सखी–सहेली,
कोई माँ, तुम्हारे ही जैसी पीड़ा झेल रही होगी,
शायद, शायद वो अपने कोख के बच्चे को कहे,
अमन–चैन का रास्ता चुनना...
किसी माँ की कोख सूनी मत करना,
किसी पत्नी का सुहाग मत उजाड़ना,
हो सके तो, किसी बेटे को
माँ की बूढ़ी पथराई आँखों से मिला देना,
किसी पत्नी की माँग को सुरमई रंग दे देना,
पापा को उनकी नन्ही कलियों और कोंपलों से मिला देना,
भाई को बहिन की रंगीन राखियों से
ये भारत देश है,
यहाँ कोई सीता
अग्नि–परीक्षा से नहीं डरती
कोई शहीद की विधवा
राष्ट्र धर्म निभाने से
पीछे नहीं हटती।

एन. ललिता राव

एक अनसुनी आवाज़...!

इधर–उधर चारों तरफ़
अरे...! दूधवाले ने अपना हॉर्न बदल दिया...!!
अचानक! बाहर आयी...
आवाज़ की दिशा पर मेरा ध्यान
ओह!! यह क्या...
इतने बरसों में पहली बार
घनघोर बादलों के बीच
बरसाती मौसम का आनन्द लेते
रास्ता भूल आ पहुँची इन्सानों (?) के बीच
उसे देख कुत्तों की भौं–भौं
'शानदार दावत'
कुछ आदमियों की 'लार' से भयभीत
पंख अपना फड़फडा
उधर से इधर
इधर से उधर थर्रा रही थी
बेचारी मोरनी...!!

बचपन बीतने का ग़म

इसलिए हुआ था....?
माँ की नरम गोदी का आस्वाद छूट
स्कूल न जाने की ज़िद कभी...

होमवर्क से बचने
पेट दर्द का बहाना कभी
लड़–लड़कर माँ–बाप से
चुराकर पैसे चॉकलेट ख़रीदते कभी
मित्र से झगड़ा, जुदाई का ग़म
मिट जाते दो दिन में कभी
डेस्क मेट की पेंसिल चुरा
उसे रोता देख प्रसन्न होते कभी
उड़ती तितली को पीछे छोड़
काँटों में फँस फटेहाल कभी
घर पधारे मेहमानों के साथ
हिलोरें लेते कभी...

बचपन की रंगीली नदियों में
तैर–तैरकर धीरे–धीरे पहुँचे वयःसन्धि की ओर...
चिन्ताएँ संवाद करने लगती हैं आहिस्ता–आहिस्ता...
लिंग भेद बताकर बड़े
भय की कुण्ठा भर देते हैं मन में
पढ़ाई की तुलना पड़ोसन के साथ...!
अनगिनत सवाल, अनगिनत जवाब
मस्तिष्क में काँटे की तरह
एक चिन्ता मिट जाये
सताने को तैयार दूसरी चिन्ता का आगमन...
आदमी की हर उम्र में चिन्ताएँ...
कर्ण की कवच कुण्डल की तरह
उसके साथ लिपट
असीम सम्बन्ध जोड़ लेती हैं
बिन बुलाये मेहमान की तरह
घेर हमें जो लेती हैं...
कोई है ऐसा...?
जो कह सके 'मैं चिन्ता से मुक्त हूँ'

गर कोई है
तो मैं कहूँ
'कमल के पत्ते का सही व्याख्यान'
आपने है पहचाना...
गीता की राह पर चल उपासना
आपने है हथियाई...

पहचान बना भारत नवा

इतिहास रचा नित नया
कहलाते थे कंगाल हम
अब, मुड़कर देखने को है दम...?
विश्व पटल पर
आरोग्य देश आज कहलाता है भारत
सदियों पुरानी बात इसको नकार
भारतवासी भी दुत्कारे चले
नतीजा...
प्रवासी भारतीय दुम अपनी दबा
वापस आना चाहते हैं।
पैसा ही सब कुछ है
पर्दा मिथ का धीरे से हटा
पूरब–पश्चिम–उत्तर–दक्षिण
चहुँ दिशाओं में
भारत ही श्रेष्ठ
मानने को तैयार हैं
भारत शक्ति की सही पहचान
परचम ख़ूब फहरा रही।

करवट लिया नहीं कर्मयोगी
135 करोड़ों की धड़कन में
अपनी धड़कन मिला
जीता चला आहिस्ता–आहिस्ता...।

सरला विजय सिंह 'सरल'

कोई कारण होगा!!

फ़िज़ा में बहार आयी,
तो कोई कारण होगा...
कलियाँ मुस्कुराईं,
तो कोई कारण होगा...
अकारण जगत् में कुछ होता नहीं,
घिर के बदरी छाई,
तो कोई कारण होगा।

अजनबी से हुई कुड़माई,
तो कोई कारण होगा...
कान्हा बने नन्दानाई,
तो कोई कारण होगा...
अकारण जगत् में कुछ होता नहीं,
घिर के बदरी छाई,
तो कोई कारण होगा।

कोरोना की फैली महामारी,
तो कोई कारण होगा...
घर में सिमट गयी दुनिया सारी,
तो कोई कारण होगा।

अकारण जगत् में कुछ होता नहीं,
घिर के बदरी छाई,
तो कोई कारण होगा।

वन्देमातरम्

हिन्द के निवासी हैं तो हिन्द के लिए दिलों में,
गीत वन्देमातरम् जीवन्त होना चाहिए।
लहू मेरे देश की माटी का पुकार कहे,
मेरे प्यारे वीरों को दबंग होना चाहिए।।

हिन्द के निवासी हैं तो हिन्द के लिए दिलों में,
गीत वन्देमातरम् जीवन्त होना चाहिए।।

तोड़ दो दीवारें सभी जाति–मज़हब की
एकता के नारे को बुलन्द होना चाहिए।
मातृभूमि के लिए मर–मिटने का जज़्बा हो,
मातृभूमि पे ये तन हवन होना चाहिए।।

हिन्द के निवासी हैं तो हिन्द के लिए दिलों में,
गीत वन्देमातरम् जीवन्त होना चाहिए।।

सीमाओं पर रात–दिन प्रहरी बने खड़े जो
ऐसे वीर सपूतों को नमन होना चाहिए।
राष्ट्र के लिए अपने प्राणों की लगा दी बाज़ी,
अब्दुल हमीद जैसा देशप्रेमी होना चाहिए।।

हिन्द के निवासी हैं तो हिन्द के लिए दिलों में,
गीत वन्देमातरम् जीवन्त होना चाहिए।।
अफ़सोस है कि कई सियासतदानों को,

वन्देमातरम् बोलने में लज्जा आती है।
वन्देमातरम् किसी पार्टी का नारा नहीं,
वन्देमातरम् मातृभूमि को नमन है।

हिन्द के निवासी हैं तो हिन्द के लिए दिलों में,
गीत वन्देमातरम् जीवन्त होना चाहिए।।

बोलने में वन्देमातरम् जो संकोच करे,
उससे बड़ा देशद्रोही दूजा कोई होगा न।
ऐसे देशद्रोही के लिए क़ानून ज़रूरी नहीं,
सीधे–सीधे देश से निकाला होना चाहिए।।

हिन्द के निवासी हैं तो हिन्द के लिए दिलों में
गीत वन्देमातरम् जीवन्त होना चाहिए।।

वेदना

कुहू–कुहू क्यों कोयल बोले, क्या है तेरी वेदना,
छिपी हरे पत्तों में डोले, मुश्किल तुझको देखना।
सन्देशा कोई सुना रही हो, या प्रीतम को बुला रही हो,
जो भी है वह तुझे पता है, भेद ज़रा ये खोलना।।

कुहू–कुहू! क्यों कोयल बोले क्या है तेरी वेदना।
गफ़लत की निंदिया में सोया जगत् यह सारा,
दे रही क्या नारा,
जगा रही हो या फिर तुम, मुर्दे जिस्मों की चेतना।

कुहू–कुहू क्यों कोयल बोले, क्या है तेरी वेदना।
वक़्त–वक़्त की बात है सारे नियम क्यों तूने तोड़ा,
दिनभर चहकने वाली को क्यों पड़ा रात्रि में बोलना।।

कुहू–कुहू क्यों कोयल बोले, क्या है तेरी वेदना।
मानवता विध्वंस हो गयी, दानवता प्रचण्ड हो रही,
बलि चढ़ गयी संस्कारों की, अब पड़ेगा इसको रोकना।

कुहू–कुहू क्यों कोयल बोले, क्या है तेरी वेदना।।
छिपने से न काम बनेगा सामने तुझको आना होगा,
मन का भय भगाना होगा,
यह जग तेरे साथ खड़ा है, हिम्मत कर, कुछ सोचना।

कुहू कुहू क्यों कोयल बोले, क्या है तेरी वेदना,
छिपी हरे पत्तों में डोले, मुश्किल तुझको देखना।।

पलाश का जंगल...

पलाश का जंगल...
एक नयी–नवेली दुल्हन...
ओढ़े लाल चुनरिया...
बुन रही अनेकों स्वप्न...
अपनों को पीछे छोड़...
गैरों को अपना बनाने...
छोड़ आयी बाबुल का आँगन...
भविष्य के सपने सजाने...
कर रही है आत्मसमर्पण...
ओढ़े लाल चुनरिया बुन रही अनेकों स्वप्न!

पलाश का जंगल...
एक नयी–नवेली दुल्हन...
मधुर मिलन का एहसास...
जब आता है मधुमास...
...जब आता है मधुमास।

कौशल्या वरदराजन

जय किसान, जय जवान, जय विज्ञान

अभिनन्दन, अभिनन्दन, अभिनन्दन
भारत के कर्मवीरों का करें हम वन्दन
अभिनन्दन, अभिनन्दन, अभिनन्दन
जय किसान, जय जवान, जय–जय विज्ञान

स्व–श्रम स्वेद से सींचे
भारत माँ का आँचल
हरितम कर, श्यामल भू
करें हम सबका पालन
उस किसान को हमारा नमन
अभिनन्दन, अभिनन्दन, अभिनन्दन
भारत के कर्मवीरों का करें हम वन्दन
अभिनन्दन, अभिनन्दन, अभिनन्दन
जय किसान, जय जवान, जय–जय विज्ञान

राष्ट्र रक्षा का संकल्प ले
बने सीमाओं पर प्राचीर
करें अर्पण अपना तन–मन
उस जवान को हमारा नमन
अभिनन्दन, अभिनन्दन, अभिनन्दन
भारत के कर्मवीरों का करें हम वन्दन

अभिनन्दन, अभिनन्दन, अभिनन्दन
जय किसान, जय जवान, जय–जय विज्ञान

फैलायें भारत की कीर्ति पताका
दें सन्देश जन–जन कल्याण का
खोंजे नित–नित रहस्य प्रकृति का
उस विज्ञान को हमारा नमन
अभिनन्दन, अभिनन्दन, अभिनन्दन
भारत के कर्मवीरों का करें हम वन्दन
अभिनन्दन, अभिनन्दन, अभिनन्दन
जय किसान, जय जवान, जय–जय विज्ञान।

मानव और प्रकृति

बना मनुष्य पंचभूत से
प्रकृति ने ली अंगड़ाई
माँ प्रकृति के स्नेह–स्पर्श से
शिशु की आँखें पुलकाई
भूमि मंगलम, वायु मंगलम, अग्नि मंगलम, जल मंगलम
फूटा अंकुर
सौम्य मृदु नव पल्लव निकले
रवि की दिव्य प्रभा से
स्वर्ण–कलश जब छलके
फुल्ल कुसुमित, मधुर सौरभ महके
भूमि मंगलम, वायु मंगलम, अग्नि मंगलम, जल मंगलम
किन्तु अचानक, स्वार्थ की एक आँधी आयी,
भर गया दम्भ से मानव अभिमानी
विवेक पर भ्रम की काली परतें छायीं
मानव बन गया दानव, अन्यायी
भूमि बाँटी, पर्वत छाँटे,

नदियों को किया विषैला
वन–उपवन भी मिटे
मिटा दिया उसे, जिसने पाला
टूटा दम्भ, छटी भ्रम की परतें
फूटा नभ, गड़गड़ बादल गरजे

हुआ उसे प्रकृति की शक्ति का भान
गूँजा फिर से नव–निर्माण का गान
प्रमुदित पृथ्वी, प्रसन्न आसमान।

निज संस्कृति, भाषा का हो कल्याण

दौर था, जब गूँजता नारा चहुँ ओर,
स्वदेशी अपनाओ, विदेशी भगाओ।
दौर है, जब शोर मच रहा चहुँ ओर।
विदेशी अपनाओ, आधुनिक कहलाओ
क्या यह दिन देखने को,
शहीदों ने किया था मौत का वरण?
सुहागिनों के सौभाग्य का हुआ था हरण?
युवतियों के स्वप्न हुए थे दफ़न?
जिस रक्त–रंजित ध्वज को उतारने के लिए,
देशभक्तों ने ओढ़ा था कफ़न,
उसे छपा अपने कपड़ों पर
इठलाते फिरते युवा देशभर,
बात सिर्फ़ कपड़ों की ही नहीं।
खान–पान, भाषा पर भी बरपा है कहर।
निज भाषा का है बुरा हाल,
विदेशी भाषा सीखने की है भेड़चाल।
यद्यपि उचित है, पर–भाषा संस्कृति को देना सम्मान,
पर क्या अनुचित नहीं निज भाषा–संस्कृति का अपमान?

है प्रश्न विचारणीय यह!
क्यों जकड़े हैं हम, अब तक गुलामी की बेड़ियों में?
क्यों चिपकाए हैं, गुलामी के चिह्नों को?
क्यों कर रहे हैं, निज भाषा का तिरस्कार?
क्यों उपेक्षित है निज संस्कृति, संस्कार?
तोड़नी ही होंगी दासता की ये बेड़ियाँ,
बदलना ही होगा यह दृष्टिकोण।
सम्भव है तभी निज भाषा संस्कृति का कल्याण।
निज भाषा संस्कृति का कल्याण।

महानगर की बलिवेदी पर

महानगर की बलिवेदी पर, चढ़ा एक और आशियाना
हाल ही में तो देखा था इसे
फ्लैटों के बीच, गर्व से खड़े, इठलाते
हूक–सी उठी मन में
कहीं मेरी ही तो नज़र नहीं लगी
झाँक कर देखने की आस–सी जगी
देखा तो स्तब्ध रह गया मन
बड़े–बड़े पेड़ों के कटे हुए तन
लेकिन कटे पेड़ों में वेदना नहीं, व्यंग्य था
मानो कह रहे हों, मेरे कटने का जश्न न मनाओ
ख़ुद भी कटने के लिए तैयार हो जाओ
मन को समझाया, धीरे–धीरे क़दम बढ़ाया
अरे! एक घर ढहा तो क्या हुआ?
बीसियों घर भी बसेंगे
अरे फ्लैट्स बनेंगे, यहाँ फ्लैट्स
लेकिन मन कहाँ मानने वाला था
फिर पलटी मारी, प्रश्न किया
घर बनेंगे? घर!

बिना आँगन का घर?
बिना पेड़ों का घर?
बिना प्रकाश, वायु, पानी का घर?
संवेदनहीन घर?
स्पन्दनहीन घर?
न चिड़िया चहकेगी, न कोयल कूकेगी।
यह कटा पेड़ देख रहे हो न
तीन पीढ़ियों का है यह साक्षी
इसने डोलियाँ देखीं, अर्थियाँ देखीं
किलकारियाँ सुनीं, विलाप भी सुने।
पर खड़ा था यह उम्मीद की तरह
उम्मीद इस घर का नहीं, इस शहर का भी।
डटा था, खड़ा था, गुमान से भरा था।
पर अफ़सोस!
उसे भी कटना ही पड़ा
महानगर की बलिवेदी पर चढ़ना ही पड़ा।

जयासूर्या चेल्लम

बचपन की यादें

गुड़ियों से अब खेलना बन्द,
हवा में पतंग उड़ाना बन्द,
पापा की पीठ पर बैठना भी,
चड़ना कूदना नाचना बन्द।
अब आँख मिचौनी नहीं होती,
बारिश में झूमना नहीं होता,
कागज़ की नन्ही नाव को भी,
बहाकर हँसना नहीं होता।
क्या लट्टू की स्पर्धा भूल जाऊँ?
क्या पेड़ों पर चढ़ना भूल जाऊँ?
मम्मी से नज़र बचाके भी,
क्या लड्डू चुराना भूल जाऊँ?
ऐ बचपन के दिन तू ठहर–ठहर,
किनारे से दूर तेरी लहर–लहर,
जाये अगर मुझे छोड़के भी,
यादें तेरी अति मधुर–मधुर।

पीपल

ऐ पीपल! तू है कितना रहमदिल!
उमड़–घुमड़ जब पानी बरसा,

या धूप में दिल मेरा तरसा,
देता है तू हमेशा–हमेशा,
छाया, आशा और दिलासा।

ऐ पीपल! करुणा ही तेरी है मंज़िल!
मुफ़लिस हो या शहंशाह
बन्दा तो भी न परवाह।
भरते आये जो भी आह
छाया देना तेरी चाह।

ऐ पीपल! वाह तेरी अद्‌भुत महफ़िल!
तेरे पनाह में बच्चे खेले
झूमते मनाते ख़ुशी के मेले,
बूढ़ों के मन में आराम फैले
हवा में जब तू झूमे–झूले।

ऐ पीपल! तू है एक सम्पूर्ण गुरुकुल!
तुझसे इन्सान भी सीखे क्या है दया,
काश! तेरी तरह दयालु बन जाये सदा,
और भूल जाये भेदभाव की अदा,
रहम जताए सबको तेरी ही तरह।

प्रकृति में ईश्वर

चलती मन्द हवाओं में
सुनाई देती है मुझे
बहते निर्मल पानी में
बोलते मेरे कानों में
हे ईश्वर! तेरी दबी आवाज़।
क्षितिज के नील वर्ण में
दिखायी देता है मुझे

सब्ज़ पेड़ों की हरियाली में
नज़र आता है मुझे
हे ईश्वर! तेरा कार्यकलाप।

पक्षियों के कलरव में
प्रकट होता है सबको
शाम की सुगन्ध पुष्पों में
अभिव्यक्त है सबको
हे ईश्वर! तेरा कला–कौशल।

मैं हूँ आश्चर्यचकित, कि भगवान तूने इस
विराट–विस्तृत विश्व में
इस नाचीज़ का भी ख़याल रखा
वाह! कैसा है तेरा असीम प्यार।

माँ तू काहे को रो रही है?

माँ तू काहे को रो रही है?
तेरे आँगन में फूलों का चमन है।
मदमस्त चल रही शीतल पवन है।
सायंकाल की धूप से भरा गगन है।
फिर भी माँ तू काहे को रो रही है?

रसोई से छोले पराँठे की ख़ुशबू आ रही है।
साथ ही बहन की मधुर नज़्म सुनाई दे रही है।
सन्ध्या अपनी काली चादर ओढ़ रही है,
फिर भी माँ तू काहे को रो रही है?

जब पक्षियों की आवाज़ मेरा दिल बहला रही है,
तेरी नाज़ुक उँगलियाँ मेरे बाल सहला रही हैं।

तू रंजोग़म और बेचैनी की साँस ले रही है,
अरे... रे... माँ तू काहे को रो रही है।

माँ तेरे आँसू तेरा ग़म मुझसे सहा नहीं जाता।
तुझसे पूछे बिना अब रहा नहीं जाता।
इन्हें ख़ुशी के आँसू तो कहा नहीं जाता।
माँ ज़रा बता तू काहे को रो रही है?

क्या मैंने शायद तुझको इस तरह रुलाया?
क्या तेरे सीने में नश्तर मैंने ही चलाया?
क्या शायद मैंने ही तुझे दुख से तड़पाया?
माँ तू काहे को रो रही है?

माँ ज़रा सुन, पिताजी आ रहे हैं।
बाहर का फाटक धीरे से खोल रहे हैं।
क़दम उनके फिर से लड़खड़ा रहे हैं।
तू उठ गयी और तेरा दिल हड़बड़ा रहा है।

माँ क्या तू इस कारण रो रही है,
कि मधुशालाएँ सारी फिर से खुल गयी हैं?
और तेरी धड़कन में व्यथा घुलमिल गयी है।
शान्ति सूखे पत्तों की तरह हवा में उड़ गयी है।

माँ सिर्फ़ तू ही नहीं जो है रोती–बिलखती!
मुन्नी की, गुल्लू की, राधा की, भोलू की
और हज़ारों नन्हे बच्चों की माँएँ भी अपनी
ख़ुशियाँ गँवा बैठी हैं, दुख से हैं तड़पती।

इसके ज़िम्मेदार देश के वो रक्षक हैं,
जो आदमी को ज़हर पिलाने वाले घातक हैं।

घरबार लुटाने वाले और देश के नाशक हैं।
माँ तू सुन रही है न? वे पैसे गिन रहे हैं।

ये शरीफ़ इन्सान सुधरने वाले नहीं हैं।
गन्दगी के दलदल से उभरने वाले नहीं हैं।
तेरा रोना हमें ख़ुश करने वाला नहीं है।
यह स्थिति कभी बदलने वाली नहीं है।
माँ तू काहे को रो रही है?
माँ तू काहे को रो रही है?

मंजु रुस्तगी

अजीब मंज़र

कैसा अजीब यह मंज़र दिखाई देता है
मौत की ज़द में हर शहर दिखाई देता है
हों दूरियाँ तन की आज यहाँ वाज़िब है
वरना उजड़ा शाम–ओ–सहर दिखायी देता है
रज़ा उसकी कहाँ कब कोई समझ पाया है
हर तरफ़ बरपा बस कहर दिखायी देता है
ख़ौफ़ज़दा शहर सारे सूनी सभी गलियाँ
सहमा–सहमा सा रहबर दिखायी देता है
चला था मानव कतरने जो पर कुदरत के
क़ैद आज अपने ही वो घर दिखायी देता है
प्रारूप नया रच रही प्रकृति अब अपना
हर सू आदमी बाख़बर दिखायी देता है
रहा ना वक़्त अच्छा बुरा भी बीत जायेगा
दुआओं का 'मंजु' असर दिखायी देता है

औरतें अब बोलने लगी हैं

औरतें अब बोलने लगी हैं
परम्पराओं की गिरहें खोलने लगी हैं
जी हाँ, औरतें अब बोलने लगी हैं

कहती नहीं हैं सारा बाहर,
कुछ भीतर भी रख लेती हैं
थोड़ी ही सही, परतें खोलने लगी हैं
औरतें अब...
आसमाँ की ऊँचाइयाँ नापने लगी हैं,
हौसलों से अपने
पंखों को आजकल तोलने लगी हैं
औरतें अब...
जानती हैं बेपर्दगी से मिलेंगी गालियाँ,
न बजेंगी तालियाँ
फिर भी बेफ़िक्र, बेपरवाह डोलने लगी हैं
औरतें अब...
उठे कोई हाथ या पड़े कहीं लात,
गुड़मुड़ हो बैठती नहीं, करतीं प्रतिघात
हाथ–पैरों का वज़न तोलने लगी हैं
औरतें अब...
करती हैं सर्वस्व समर्पित,
ख़ुद के लिए भी थोड़ा अर्पित
रंग अपनी पसन्द के घोलने लगी हैं
औरतें अब...
नहीं रहना चाहतीं सीता,
अहल्या–सी गौण,
न यशोधरा, रत्ना–सी मौन,
परिवर्तन के सुरों में डोलने लगी हैं
औरतें अब...
त्रास दोयम का अब न सहेंगी,
अश्रुधार में अब न बहेंगी
अपनी इयत्ता को टटोलने लगी हैं
औरतें अब...
आँकने लगी हैं ख़ुद की जगह,

समाज में अपने होने की वजह
वर्जनाएँ तमाम तोड़ने लगी हैं
औरतें अब...
रास्ता चाहे कठिन हो कितना
बढ़ते जाना नहीं है रुकना
क़दम लक्ष्य की ओर मोड़ने लगी हैं
औरतें अब बोलने लगी हैं
अर्गलाएँ सभी खोलने लगी हैं
औरतें अब बोलने लगी हैं।

ग़ज़ल

हमारे दिल की रहगुज़र में, यादें तेरी बहक रही हैं
यूँ तो बदले जाना ये मौसम, कमी तेरी पर कसक रही है
हमारे दिल की....
वो तेरा मिलना ख़ुदा की रहमत
खुले दरीचे ज्यों ख़ुशबुओं के
लिखी इबारत जो तूने दिल पे
स्याही अब तक लहक रही है
हमारे दिल की...
वो लम्हा तेरा क़रीब आना
हया से मेरा सिमटते जाना
भुला न पाये वो तेरा जाना
नज़र अभी तक छलक रही है
हमारे दिल की...
किया जो वादा तुम न आये
कहें कि कैसे सँभल रहे हैं
दिन का चेहरा लगा पिघलने
रात की चूनर ढलक रही है
हमारे दिल की रहगुज़र में, यादें तेरी बहक रही हैं
यूँ तो बदले जाना ये मौसम, कमी तेरी पर कसक रही है

धूप होती हैं लड़कियाँ

सपनीली भोर का उजाला बन
उतरती हैं आँगन में,
करती हैं अठखेलियाँ और
खेलती हुई आँख–मिचौनी
भर लेती हैं पूरे आकाश को
अपनी बाँहों में–
उतर जाती हैं दूजे आँगन में–
तपकर वहाँ
ढल जाती हैं अनुभवों के सुनहरे रंग में
लगती हैं फिर सिमटने अपनी सीमाओं में
सुबह बन उजाला भरने
किसी और आँगन में।
सच है, धूप होती हैं लड़कियाँ।

ठूँठ

वो एक ठूँठ था
बेजान
घर के अहाते
में खड़ा–
निर्लिप्त, ताकता आकाश
पर अन्य पौधों की भाँति
सींचती थी रोज़
आदत–अनुसार
चमत्कार–
दो कोंपलें उसमें लेने लगीं आकार,
व्यक्त करती मानो आभार,
जगा गयी कुछ नये विचार–

कि सतह कितनी भी खुरदुरी क्यों न हो,
कुछ–न–कुछ नमी बची रहती है भीतर सबके
बस ज़रूरत होती है–
अपनी जड़ों से जुड़े रहने की
और समय–समय पर उन्हें सींचते रहने की।

मीना कुमारी सिंह

माँ के सपने

आँखों में सपने सँजोए हुए,
सड़क पर चल रही थी,
एक माँ अपने बेटे के साथ।
बड़ा होकर मेरा बेटा कार ख़रीदेगा,
मुझे कार में बिठाकर शहर घुमाएगा,
पैदल चलने का चक्कर छूटेगा,
चप्पल भी तब जल्दी–जल्दी नहीं टूटेगी
चलते–चलते मेरा दम भी नहीं घुटेगा,
पसीना भी माथे पर नहीं छूटेगा।
बेटा बड़ा हो गया, कार भी ख़रीद ली,
पर बेटे ने माँ को अपने से दूर कर दिया।
माँ के सपने को उसने चूर–चूर कर दिया।
माँ को पैदल चलने के लिए मजबूर कर दिया।

बुज़ुर्ग की आवाज़

मैंने कितनों को देखा है,
कितने रूपों में देखा है।
कुछ को पानी की तरह,
हर रंग में घुलते देखा है।
कुछ को गिरगिट की तरह,

रंग बदलते देखा है।
बेईमानों को गुलाब की तरह,
खिलते देखा है।
कामचोरों को काँटों की तरह,
मुस्कराते देखा है।
ग़रीबों को हर मोड़ पर,
गिड़गिड़ाते देखा है।
सीधे लोगों को हर दर पर,
अपमानित होते देखा है।
झूठ को सच का चोगा,
पहनते देखा है।
सच को अँधेरे कमरे में,
बन्द होते देखा है।
एक बुज़ुर्ग की आवाज़ में
अपने दर्द को छुपाते देखा है।
ज़िन्दगी का असली चेहरा,
आईने में उभरते देखा है।
दिल की इस आवाज़ में,
हज़ारों लोगों के दर्द को
सिमटते देखा है।

सफलता का एहसास

सफलता की मिठास का अनुभव
होता है केवल उन्हीं को
जो न हुए जीवन में हर क्षण सफल
चखा हो जो कच्चे आम की खटास को
वही जान सकता पके आम की मिठास को।
हममें से कोई भी विजय का प्रहरी
क्या बता सकता है, विजय की परिभाषा?

वह विजयी, जो विजय के बाद की
दर्दनाक आवाज़ों को, चीख़ों को
सुनकर भी अनजान है।
क्या वह सच में विजयी है?
जो ढो रहा है सफलता के बोझ को
उस पर अपनी सम्प्रभुता का चादर ओढ़ा कर
सफलता का सच्चा एहसास उसे कैसे हो?
वह तो स्वयं बाज़ार में बिका हुआ माल है।
उठो, देखो अपने आगे–पीछे अब
जो तुम्हारी वन्दना कर रहे हैं
उनकी आँखों में पीड़ा और चेहरे पे उदासी
विजय पताका उठा लो हाथ में, ऐलान कर दो
उनकी पीड़ा एवं उदासी मिटाने का
उन सबकी बेबसी के दर्द को मिटाने का।

स्मृतियों की छाँव में

जीवन के अन्तिम पड़ाव पर
विगत क्षणों की छाँव में,
जब विश्राम करने लगीं मेरी स्मृतियाँ,
भूले–बिसरे कुछ बिम्ब,
उभरने लगे मानस–पटल पर,
काशी की गोद में,
गंगा की लहरों–सी
इठलाने लगीं मेरी स्मृतियाँ।

  हृदय कृतज्ञता से था भरा,
  हर पल की यादों से था हरा
  मेरी यादों में रची–बसी
  उन गलियों को नमन,
  जहाँ गुज़रा था मेरा बचपन

उस बगिया के हर एक फूल को नमन
जिससे महक उठा मेरा जीवन
छोटा–सा था मेरा परिवार,
माता–पिता दो भाई के साथ,
माँ के हाथ का स्वादिष्ट खाना,
पिता के साथ गंगा–घाट घूमना,
भैया का वो झूठा बहाना,
बाहर मुझे साथ न ले जाना,
गुड़िया–गुड्डे का ब्याह रचाना
सीटी बजाकर रेल चलाना।
छोटी–छोटी बातों पर झगड़ना,
रूठी सहेलियों को मनाना,
पीठ पर बस्ता लादकर,
जल्दी–जल्दी स्कूल भागना,
पहली पंक्ति में खड़े होकर,
प्रार्थना के गीत गाना,
पण्डित जी से डाँट खाकर,
रोते–रोते घर आ जाना।
बीता बचपन बिछड़े साथी
जीवन का रंग बदलने लगा,
कॉलेज की पढ़ाई से अब
सोचने का ढंग बदलने लगा,
कुछ करने को, कुछ बनने को
मेरा मन मचलने लगा।
अज्ञात लक्ष्य भेदने को,
मेरा क़दम बढ़ने लगा।
अध्ययन–अध्यापन में अब
मेरा समय गुज़रने लगा,
जो मिला उसी में ख़ुश रहने का
विचार मन को भाने लगा।

जीवन पथ की चट्टानों ने,
जब–जब रोका मार्ग मेरा,
पग की गति मन की शक्ति ने,
तब–तब दिया मुझे सहारा।
अच्छे–बुरे लोगों की पहचान,
खट्टे–मीठे अनुभव ने कराया,
पर देर हो गयी पहचानने में,
कौन है अपना कौन पराया,
जीवन में मुझे अच्छे लोग मिलते रहे,
जो मेरी प्रेरणा और शक्ति बनते गये,
धन्य हैं वे लोग जो मुझे जीवन दृष्टि दे गये,
धन्य हैं वे जो मेरे आलोक स्तम्भ बन गये,
धन्य है मेरी जन्मभूमि, धन्य है मेरी कर्मभूमि
जिसके आगोश में हम हँसते–खेलते,
बालक से आज वृद्ध हो गये।।

अनिता सोनी

प्रेम

प्रेम नहीं कुछ कहता है,
प्रेम सदा ही सहता है।
पर्वत जंगल मैदानों से
उजड़े हुए बियाबानों से
अविरल धारा–सा बहता है
प्रेम नहीं कुछ कहता है।
प्रेम की कोई चाह नहीं
अपनी कोई राह नहीं
सदा समर्पण रहता है
प्रेम कहाँ कुछ कहता है।
प्रेम की कोई भाषा नहीं
कुछ पाने की आशा नहीं
भावों में बहता रहता है
प्रेम कहाँ कुछ कहता है।
इक पत्थर की मूरत में
किसी भोली–सी सूरत में
प्रेम कहीं दिख जाता है
प्रेम कहाँ कुछ कहता है।
इक राधा प्रेम दीवानी थी
कब बनी कृष्ण की रानी थी
विरहा अग्नि में जलती थी

वो कहाँ शिकायत करती थी।
प्रेम रोग या भोग नहीं
प्रेम ही है बस योग सही
प्रेम त्याग में रहता है
प्रेम कहाँ कुछ कहता है।
गीता यथार्थ का ग्रन्थ बना
बस प्रेम ही उसका पन्थ बना
फल की इच्छा को किये बिना
कर्तव्य, बोध हो सिर्फ़ जहाँ
प्रेम इसी को कहते हैं
प्रेमी तो बस सहते हैं,
प्रेमी तो बस सहते हैं।

हाय! कितना सरल था वो ज़माना!!

बहुत साल पहले बीत गये वो ज़माने,
अपनी मिट्टी की सुगन्ध कहाँ खो गयी न जाने।
आज भी बिछे हैं उस ज़मीन पर वे खाके,
होली के रंग दिवाली के पटाखे।
गुज़रे वक़्त की हैं कई निशानियाँ,
जवानी की भूलें बचपन की शैतानियाँ,
आज भी सुनाती हैं कई कहानियाँ।
कहानियाँ!!
जिन्हें कोई इतिहासकार लिखता नहीं,
किसी क़िले का दरवाज़ा जिन्हें कहता नहीं!
तंग गलियों के ऊँचे–ऊँचे गलियारे,
एक–दूजे से सटे–सटे चौबारे,
याद आती हैं वो फूफी, चाची, ताइयाँ
स्वेटर बुनती कसीदे करती भौजाइयाँ,
याद आती है वो गरमी की शिकल दोपहरी,

पड़ोस की अम्मा की ठण्डी–सी देहरी,
निवाड़ी
निवाड़ की चारपाई पर बैठी सहेलियाँ
पीती थीं छाछ, कभी हाथों से बहाती पुरवाइयाँ।
आयी मौसम के बदलने की घड़ी, सावन की पहली झड़ी
मानो टूटती मोतियों की लड़ी।
मिट्टी को सौंधा कर महका गयी,
अरे बरसात आ गयी!
ख़त्म हुए आम, तीज के
झूलों से भर गयीं अमराइयाँ,
झूलती हैं जिन पर कई तरुणाइयाँ,
अब लगती हैं परछाइयाँ।
शरद पूनम की चाँदनी में नहाती खीर की हँडिया,
हल्की–सी सिरहन से आने का सन्देश देती ठण्डियाँ।
इस तरह सर्दी की हल्की–सी खट–खट,
दिवाली के पटाखों की ज़ोरदार पट–पट,
दिवाली के संग कभी आये थे रोज़े,
ईद की सेवइयाँ, दिवाली के गोजे,
दिवाली की जगमग के रोशन फ़साने,
मस्जिद के कँगूरों से उठती अजानें,
भर देता था उन सँकरी गलियों में जीवन का जोश।
झरोखों से छनती वो मीठी–सी धूप,
आँगन में मेहमान की तरह सिमटती थी ख़ूब।
मूली, मेथी, मटर का जलवा
हाय कितना सुहाता था गाजर का हलवा।
वो छोटे–से दिन, वो लम्बी–सी रातें,
विविध भारती के गानों के संग पढ़ाई की बातें।
रज़ाइयों में बैठे वो रट्टे लगाना,
इम्तिहान की ठण्डक से और सिकुड़ जाना।
खुले मौसम का रहता था इन्तज़ार, तब आती बसन्त बहार,

मीठे चावल में केसर की सुगन्ध,
लाल–पीले फूल ओढ़े धरती लगती दुल्हन,
फागुन में आयी रंगीली बहार
गेसू के फूलों की ठण्डी फुहार,
बसन्त ने पाले को दी विदाई
चैत्र के सूर्य ने सुहानी गर्मी दिखायी।
जेठ की तपिश में लगी गरमी बरसने,
अमराइयों में लगे फिर आम पीले,
गरमी की छुट्टियों में मेहमानों का आना,
मिलजुल गुड़िया का ब्याह रचाना,
ठण्डाई का पीसना ठण्डा–सा शरबत बनाना,
तीखी धूप में पापड़ सुखाना,
हाय कितना रसीला था वो ज़माना।
पड़ोस की अम्मा की ठण्डी–सी देहरी में मिल बैठ
सुख–दुख बाँटना,
कभी रोना कभी हँसी–ठट्ठा मचाना,
एक–दूजे को छेड़ना कभी ढाढस बँधाना,
कभी समझना कभी समझाना।
हाय कितना सरल था वो ज़माना, कितना सरल था वो ज़माना।
आज लगता है कितना पुराना! पुराना पुराना।

निर्मला एस. मौर्य

पल लौटते हैं क्या?

नंगे पाँव छोड़ना
पकड़ना धूल के बगूलों को,
नंगे पाँव छोड़ना पकड़ना धूल के बगूलों को,
अब बहुत याद आता है–अब बहुत याद आता है...
अब पैसा है! तथाकथित सुखों का अम्बार है
पर
नहीं ख़रीदी जाती पैसों से मन की शान्ति
सुबह बिस्तर की सिलवटें, खोल देती हैं
रातभर के जगने का राज़।।
न चाहते हुए भी
लानी पड़ती है झूठी मुस्कान होंठों
पर!
मन जानता है झूठे पड़ते रिश्तों की कहानी
पर,
कुछ कहता नहीं–कुछ कहता नहीं
बस धूल झाड़ता है बासी पड़े रिश्तों की।।
नंगे पाँव छोड़ना, पकड़ना धूल के बगूलों को।
छुटपन में न जूते थे, न पैसे, पर रिश्तों की गर्माहट थी।
रिश्तों की गर्माहट थी, अपनों का प्यार था।।
अब बहुत याद आता है–अब बहुत याद आता है
नंगे पाँव छोड़ना

पकड़ना धूल के बगूलों को, पकड़ना धूल के बगूलों को।।

तन्त्र

हमारी ज़िन्दगी के पन्नों को
यह अधिकारी तन्त्र खाता जा रहा है खाता ही जा रहा है
बस...
खाता ही जा रहा है, वैसे ही जैसे घुन खाता है गेहूँ को
दीमक लकड़ी को खाती है
और
कीड़े पुस्तकों को
और
हमारी ज़िन्दगी के पन्नों को
ये अधिकारी तन्त्र खाता ही जा रहा है
खाता ही जा रहा है, हमारी ज़िन्दगी
रेत के ढेर में तब्दील हो रही है धीरे–धीरे,
इच्छाओं का बुरादा झड़ रहा है
इच्छाओं का बुरादा झड़ रहा है
हमारी ज़िन्दगी के पन्नों को
यह अधिकारी तन्त्र खाता जा रहा है खाता ही जा रहा है।।
सपने जो अमलतास से खिले थे
सपने जो अमलतास से खिले थे मुरझाने लगे हैं।।
मन की डालियाँ सपनों से विहीन
एकाकी हो गयी हैं, मन की डालियाँ सपनों से विहीन
एकाकी हो गयी हैं... कामनाओं के पंछी,
कामनाओं के पंछी अब वहाँ बसते नहीं
टूट गये हैं उनके घरौंदे
और पानी भी सूख रहा है भावनाओं का
हमारी ज़िन्दगी के पन्नों को, ये तन्त्र खाता जा रहा है
वह खाता ही जा रहा है...

कौन-सी कविता होती है पूरी

कौन–सी कविता होती है पूरी सदा रहती है
अधूरी, इच्छाओं की तरह
कौन–सी कविता होती है पूरी
सदा रहती है अधूरी इच्छाओं की तरह।
कविता खींच देती है चमड़ी ज़िन्दा आदमी की
कविता
मुक्ति और त्याग की कथा है।
कविता
जीवन की पाठशाला के खट्टे–मीठे अनुभवों की माला है।
कौन–सी कविता होती है पूरी, सदा रहती है अधूरी।
सच्चाई का, भ्रष्टाचार का पाठ है कविता
संवाद है कविता।
भावनाओं का मिश्रण वेदनाओं की अभिव्यक्ति है।।
कविता कौन–सी कविता होती है पूरी
सदा रहती है अधूरी
कविता–जाल नहीं रचती
शब्दों को पिरोती है।
भावनाओं की माला बना अमृत लुटाती है।।
वेद–वेदांग, गीता, पुराण सब बोलते हैं कविता की भाषा
अथ से चलकर इति तक की यात्रा का नाम है
कविता–
कौन–सी कविता होती है पूरी सदा रहती है अधूरी।।

बिसरी यादें

अब न आँगन हैं न ओसारे,
मर गये पनघट सूनी हैं गलियाँ।
अब न आँगन हैं न ओसारे
दुआर चौबारे खलिहान सो गये हैं

कहाँ चलती है मड़नी
कहाँ हैं मड़ैयाँ?
अब न आँगन हैं न ओसारे!
अब नहीं जुटते बच्चे छोटी–सी टोकनी लेकर
इकट्ठा करना अँजुरी भर गेहूँ–चना–बाजरा
अब नहीं होता पट्टी का चाव जो
दस पैसे में मिलती थी
अब नहीं मुँह को
चटपटाती खट्टी गोली दस पैसे की नमकीन
अब न आँगन हैं ना ओसारे
अब नहीं आती चिरैया
नहीं बनाती घोंसला नहीं देती बच्चे
अब
मुँह चिढ़ाते हैं खम्भे, दालान और घनौचियाँ
कौवा नहीं करता काँव–काँव
अब
कहाँ आते हैं मेहमान
अब न आँगन हैं न ओसारे
अब न गैया न बछड़ा ना चिरैया ना कौवा
ना अम्मा बुलाती हैं अब किसी को बऊवा
अब न आँगन हैं न ओसारे
मर गये पनघट सूनी हैं गलियाँ
सो गये हैं खलिहान और चौबारे
अब न आँगन हैं न ओसारे।।

एक वायरस कोरोना

कोरोना!! तुम कभी तो उदास होगे,
तन्हा रह जाओगे।
एक दिन ऐसा आयेगा अकेले पड़ जाओगे,
और

जल्दी ही दुनिया छोड़ जाओगे।
तुमने मानव जीवन को रंगहीन कर दिया है।
पता नहीं कब पीछे–से दबे पाँव आ जाती है मौत,
आगोश में लेने के लिए।
हम सोचते हैं कि हम अच्छे हैं,
सुखी हैं, पर–
एक झटका देती है ज़िन्दगी
हमें याद दिला देती है,
हमारी औकात।
एक वायरस ने मचा रखी है तबाही
पूरी दुनिया में।
कीट पंतगों की तरह
हो गया है व्यक्ति
और
मानवता बिखर रही है
धीरे–धीरे–धीरे...

विद्या शर्मा

पाहन बन जाओ

अगर प्रणय के प्रिय न बनो तो, पूजा के पाहन बन जाओ...
मन की हर धड़कन में बन्दी
केवल अपनापन रहता है
नयनों में सच हो न सका जो,
वह भटका सपना कहता है।
यदि भोगी की सेज नहीं तो, योगी का आसन बन जाओ
अगर प्रणय के प्रिय न बनो तो,...
अपनी उम्र सभी पीते पर, कल का मोह कहाँ जाता है
पतझड़ का हर पात इसी से
गीत बहारों के गाता है
फागुन बन मन रंग न सको तो
पलकों में सावन बन जाओ
अगर प्रणय के प्रिय न बनो तो, पूजा के पाहन बन जाओ...
मावस में शशि की अर्थी पर
कुमुद नहीं तारकगण होंगे
नश्वर जग में मीत तुम्हारे गीत यही सुस्मार कहोगे
मुझे ताज यदि बना न सको तो
कुटिया का छाजन बन जाओ...
अगर प्रणय के प्रिय न बनो तो, पूजा के पाहन बन जाओ
प्राणों को प्रिय मिलता जब मन,

तन को छेद निकल जाता है
इसीलिए शव के स्वागत में भी श्मशान मचल जाता है
वैतरणी की तरणी नहीं तो
लहरों का दामन बन जाओ
अगर प्रणय के प्रिय न बनो तो, पूजा के पाहन बन जाओ...

गुरुर्देवो नमः

तुम्हारे बिना कुछ हासिल नहीं
तुमसे ही मेरी धड़कन है
तुम्हारे अनुपम स्नेह से ही मेरी मूकवाणी में गुंजन है
गुरुवर! तुमने ही लगाया
मेरे माथे पर नेह का चन्दन है
भावनाओं के पुष्प गुच्छले, स्नेह का चन्दन
असीम श्रद्धेय पूजनीय
गुरुवर के श्रीचरणों में
शत्–शत् अभिनन्दन वन्दन है...
ज़िन्दगी जब भी निराशाओं के अन्धकार के भँवर में
डूबती उतराती है...
भोली–भाली आशाएँ
आपकी शरण में ले आती हैं
मन में अशान्ति का हाहाकार कर रहा
क्रन्दन हो
मानवता ज़ख़्मी हो
घायल हो देशभक्त
देशद्रोहियों का नर्तन हो
हर हृदय संग्राम भूमि हो
महाभारत के कौरव–पाण्डवों का समागम हो संशय की हर रात हो
उस समय

ज्ञान गगन की अनन्त ऊँचाइयों में
प्रकाश पुंज से विराजमान
गुरुवर!
तुलसी दल–सा पवित्र–हस्त
झरता निर्झर–सा आशीर्वाद

नव संचार स्नेह ऊर्जा का
पुलकित करता तन–मन
लगता...
अविश्वास की उफनाती बाढ़
में डूबते विश्वास का हाथ पकड़ किनारे लगाते हो
डूबने नहीं देते आस्था का सूर्य...
गुरुदेव! आपने सदैव अग्नि–स्नान कर
अर्जित किया है ज्ञान सिद्धि
हर साँसों का हवन कर
स्नेह ऋचाओं का सृजन...
जब–जब भी अन्धकार में
भटकते हुए जीवन व्यथाओं से त्रस्त मानव
आते हैं शरण में
उनकी व्यथा–कथा को
आत्मसात कर लेते हो
जीवन महाभारत से
भागे हुए अर्जुन के
सारथी बन कर्मयोग की ओर प्रेरित करते हो
आपका स्नेहाशीष पाकर
ही हम देश रक्षा हेतु अपने
प्राणोत्सर्ग कर पाक की
छाती पर तिरंगा फहराते
है... तिरंगा फहराते...
गुरुर्देवो नमः गुरुर्देवो नमः

माँ

कितना भी वैभव मिल जाये
बिन तेरे कुछ न भाये,
याद तुम्हारी जब–जब आये, नैना नीर बहायें
उँगली तेरी छूट गयी
मेले में तू बिछड़ गयी है
सभी मुखौटे वाले चेहरे
सब मिल मुझे डरायें
शेर–भेड़ कुछ समझ न आये, मन रोये घबराये
कितना भी वैभव मिल जाये
बिन तेरे कुछ न भाये,
याद तुम्हारी जब–जब आये, नैना नीर बहायें
रेगिस्तानी राहें हैं माँ
साथी सब पीछे छूटे माँ
पथरीली राहों में तुम बिन, मुझसे चला न जाये,
उँगली थाम मुझे कौन चलाये
पग मेरे लड़खड़ायें
कितना भी वैभव मिल जाये
बिन तेरे कुछ न भाये
याद तुम्हारी जब–जब आये, नैना नीर बहायें
तुलसी चौरा–सा है तेरा मन
अति छोटा है ये मेरा मन
भाल बड़ा–सा टीका लगाये
पगला मनवा बस तेरी ही, परिक्रमा किये ही जाये,
कितना भी वैभव मिल जाये, नैना नीर बहायें
कितनी बार कहा न माना
तूने मुझको अपना माना
तू क्या रूठी दुनिया छूटी
मुझे अब कौन मनाये?

कितना भी वैभव मिल जाये...
जब से तेरा साथ है छूटा
हँसने का अन्दाज़ है झूठा
बहते आँसू कहते आ माँ
मुनिया तुझे बुलाये,
बीत गये हैं लोरी के दिन
कहाँ छुप गये गुड़िया के दिन
सिसक–सिसक कर ज़िद करता मन,
गोदी कौन उठाये,
कितना भी वैभव मिल जाये
चन्दा मामा रूठ गया है
उड़नखटोला टूट गया है
रूठी निंदिया मान किये है
परियाँ कौन बुलाये, कितना भी
कितना भी वैभव मिल जाये...
क़िस्मत मेरी फूट गयी है
तू क्या मुझसे दूर गयी है
धूप जेठ की पाँव में छाले
तारों की छाँव–सा तेरा आँचल
आज नहीं लहराये,
कितना भी वैभव मिल जाये बिन तेरे कुछ न भाये
याद तुम्हारी जब–जब आये
नैना नीर बहायें

पापा

रात वीरानी दिन सूने हैं
पापा तुम बिन...
सावन–भादों झड़ी लगी है
पापा तुम बिन...

उँगली पकड़ बाज़ार घुमाया...
काँधे चढ़ा मेला दिखाया...
रबड़ी जलेबियाँ कौन खिलाये...
पापा तुम बिन...
गंगाजी में डुबकी और
डूबता मेरा,
मुझे बचाकर रोना तेरा...
हर साँसों में तेरी साँसें
रोक कर कहतीं मेरी साँसें
आओ पापा–आज जन्मदिन...
पापा तुम बिन...
तेरी मुनिया कहती–
मुझे भी अपने साथ ले चलो
बहुत अकेले...गले लगा लो
हर ग़लती को माफ़ करो
कान पकड़ती कहती
मुनिया,
जी न सकेंगे
पापा तुम बिन...
जिस दिन डोली उठी हमारी
आँखें भर आयी थीं तुम्हारी

कहा था तुमने मैं आऊँगा
रह न सकूँगा तुम बिन
पापा तुम बिन...
तुम न आये ख़बर ही आयी
पीहर में जब आकर देखा
चित पड़े थे नयना खोले
कुछ न बोले
ढाँके हुए कफ़न

पापा तुम बिन...
मुझ पर तुम को दया न आयी
दीवानी–सी देख रही हूँ
चेहरा तेरा, बेटा न थी तेरा
मेरे कन्धों में दम न था
ढोती तेरा वज़न
पापा तुम बिन...
हर पल पापा मुझे रुलाता
चेहरा तेरा याद दिलाता
तुम मेरे आकाश थे पापा
तुममें मेरा ब्रह्माण्ड समाया
मुझको ये विश्वास है पापा
आ जाओगे मुझे लिवाने
देख मुहूर्त तुम
पापा तुम बिन...
मैं पापा बेटी तेरी
तेरा श्राद्ध नहीं कर सकती
किन्तु तुझे क्या,
मैं प्रतिपल

तेरी याद नहीं कर सकती?...
बिना जल का अर्पण–तर्पण कर
गंगा–यमुना बही आँखों से
पापा तुम बिन...
मालूम मुझे है पापा मेरे
माँ भइया के संग भी तेरे
तुमको मेरी याद वहाँ भी आती होगी!
मुझको पापा पास बुला लो
बहुत अकेले हैं हम तुम बिन
पापा तुम बिन...

पी. नजीम बेगम

शहीदों की शहादत

भूल बैठे हम शहीदों की शहादत को,
जिसने माँ के दूध का वास्ता निभाया।
बहू–बेटियाँ पी गयीं अपनी सिसकियाँ विधवा बन,
शहीद पिता की फहराने लगे पताका बच्चे अनाथ बन,
बुज़ुर्ग रह गये अवाक्, बेबस, गुमसुम बन।

शहीदों ने घेरा डाला अपने ख़ून की लकीरों से,
दहाड़ दी विदेशी भेड़ियों को अपने बल से।
आज़ादी की दास्तान दर्दनाक है यारो,
कौन–सा पन्ना पलटें लहूलुहान हैं सारे पन्ने,
यही है हक़ीक़त आज़ाद भारत की।

आओ हम भारत का नवनिर्माण करें
मन के मैल को धो डालो,
जाति–पाँति को दूर कर डालो।
न लूटो किसी की अस्मिता को।
न कोई किसी को छलो,
हम सबकी कर्म साधना एक हो।
आओ हम आज़ाद भारत का नव निर्माण करें।
आओ हम आज़ाद भारत का गौरव–गान करें।

आशियाना बनायें कहाँ?

हम हैं पंछी अनमोल
है दुखभरी कहानी हमारी,
सुनने को तैयार कोई नहीं,
भटकते हैं हम मारे–मारे,
हम हैं पंछी अनमोल।

उजड़ गया आशियाना हमारा,
कुछ क़सूर न था हमारा,
हम तो हैं प्रकृति प्रेमी,
सीधी–सादी जीवन–शैली हमारी,
हम हैं पंछी अनमोल।

कूकते हम मीठी बोली,
लुभाते हम मन सब के,
छीना–झपटी न रही हमारी,
जियो और जीने दो बोली हमारी,
हम हैं पंछी अनमोल।

उजड़ गये आशियाने हमारे,
कटते गये सारे पेड़ हमारे,
टूट गये सारे आशियाने हमारे,
सवाल हैं आपसे हमारे,
अब आशियाना बनायें तो कहाँ?
जियें तो कैसे जियें और कहाँ?
हम हैं पंछी अनमोल।

मुझे जीने दो

मुझे जीने दो,
काल के गर्दिशों ने

रौंदा मुझे
चुनौती के साथ
लालसा लिए जीने की
जी उठी फिर मैं
लगी कहने मुझे जीने दो।

नोचा गया मुझे
पुर्ज़ा–पुर्ज़ा हुआ मेरा
शिकार हुई मैं
कहने को शरमाई मैं
अफ़सोस है इस बात का
जिसको शरमाना था
सीना तान बन चला अनजाना
जीने की लिए तमन्ना
मैं फिर कहने लगी मुझे जीने दो।

अपनों ने तोड़ा रिश्ता
गैरों से क्या नाता?
हैं चारों ओर मेरे
नरभक्षी खूँखार
मानव रूपी जानवर
ढूँढ़ती मैं अकेली
मानव के मुक़ाम को
न हुई हताश फिर
लगी कहने मैं
मुझे जीने दो।

प्यार के दो शब्द

प्यार के दो शब्द
हैं मज़बूत

रूठे को मनायें
रोते को हँसायें।
प्यार के दो शब्द
बेचैन को तसल्ली दिलायें
भटके को राह दिखायें।
किसी ने ठहाका लगाया
क्या होते हैं प्यार के दो शब्द?
अजी जनाब सुनिए तो ज़रा
कंकाल में जान फूँकते हैं
शख़्सियत की अपनी पहचान
कराते हैं प्यार के दो शब्द
लिए बेड़ा दुनिया को मिलाने
अमन में शान्ति फैलाने।
मेरी आपसे एक गुज़ारिश है
बोल के तो देखो ज़रा
पाओगे अपने आप मज़बूत भला
प्यार के दो शब्द
हैं मज़बूत।

ये कैसा हादिसा?

रुक गया है मानव का जीवन
रुक गयी हैं मानव की साँसें
बन्द हो गये हैं मन्दिर–मस्जिद
गिरजाघरों के दरवाज़े
थम गया है आसमान।
मानव अपने ही घरों में हो गया क़ैद
जम रहे लाशों के ढेर
भूख प्यास से तड़प रहे
ग़रीब–बेबस जन

बन्द हो गयी रोज़ी–रोटी
सफल न रहा कोई नुस्ख़ा–दवादारू।
न जाने और कितने दिन
चलता रहा यह सिलसिला
लिखा जायेगा इतिहास में
महामारी कोविड–19
की करतूतों के नाम से।
पढ़ेंगी भविष्य में पीढ़ियाँ
हादिसों–कहानियों की शैली में
मजबूर होगी लेखक की क़लम
करेगा सवाल लेखक जनतन्त्र से
आख़िर कौन हैं
ज़िम्मेदार इसके?

सविता धुडकेवार

लॉकडाउन और स्त्री

घड़ी के काँटों–सी भागती
घर और ऑफ़िस के बीच।
पति, बच्चों की फ़रमाइशों,
बॉस की हिदायतों में ही,
गुज़र रही थी ज़िन्दगी।
तभी आयी कोरोना महामारी,
बन्द पड़ी दुनिया की गति सारी,
बरसों बाद आज गौर से, आईने में ख़ुद को देखा,
पता ही नहीं चला कब, बुढ़ापे ने दस्तक दे दी?
रूखे–सूखे से बाल, आँखों के नीचे कालिमा,
छिन गयी ओठों की लालिमा
अब वह रोज़ फ़ुर्सत से, आईना देखती है,
तेल, स्नो पाउडर भी लगा ही लेती है।
सुबह सोता हुआ घर छोड़,
आँगन में आराम से बैठकर, चाय की चुस्कियाँ लेती है।
पंछियों को निहार, चहचहाहट का संगीत सुनती है।
हिसाब लगाती है, कितने बरसों बाद,
आसमान को देख रही है।
रात में चमकता चाँद, कभी तारे गिन रही है।
कितनी फ़ुर्सत से, सँवार रही है बगिया को।
छू रही है, रंग–बिरंगे पेड़–पौधे फूलों को,

और भर रही है सुगन्ध, अपनी गहरी साँसों में,
फिर से घर को महकाने के लिए।

ज़िन्दगी गले लगा ले

ढाई आखर भुला बैठा
तेरा अहंकार तुझे ले डूबा
सन्तों की वाणी का खरा अर्थ
सूक्ष्म विषाणु ने समझाया।
झूठा धर्म नहीं अध्यात्म
मन्दिर से बाहर भी है ईश्वर का,
इन्सानियत पर चढ़े मुखौटे का,
क्षणभंगुर जीवन के सत्य का
कोरोना ने ट्रेलर है दिखलाया।
मोहमाया में फँसे लोगों को
मानवता का पाठ पढ़ाने
रंगों की विषाक्त राजनीति को
एकता का मार्ग दिखाने प्रकट हुआ है
विज्ञान को भी हराने।
उसके आगे सब लाचार हुए
बड़े–बड़े सूरमा नाकाम हुए।
भूल गये चैतन्य का अस्तित्व
उसके इशारे पर चलने वाले
पंच महाभूतों का कल्याणकारी सत्व।
जन्म और मृत्यु के बीच की साँसों की गिनती
नियति ने की है निश्चित।
तेरे वेंटिलेटर और मशीनें
इसे नहीं कर सकते सुनिश्चित।
भय के साये में जी रहा, मृत्यु से अब भाग रहा
अब भी समय है, चेत जा

हृदय की भाषा पढ़ ले
कृतज्ञता से शान्त सो ले
कल सुबह जब उठेगा
उगते सूरज को बाँहों में भर
कहना, ऐ ज़िन्दगी गले लगा ले।

पलायन

गाँव में खेत छोटे और भूख बड़ी होती गयी,
साहूकार का कसा पंजा
तब छोड़कर अपना गाँव,
पापी पेट की ख़ातिर
शहरों की ओर किया पलायन,
भीड़ का एक गुमनाम
हिस्सा बनकर ढोते रहे बोझा।
नगर की चकाचौंध से दूर,
अँधेरों में,
नालों के किनारे,
बदबूदार गन्दी बस्तियों में,
बसाते रहे अपना कुनबा,
सोचा ही न था कभी,
कि एक दिन ये शहर,
यूँ साथ छोड़ देगा,
मेहनत करने वालों से,
यूँ फ़रेब करेगा।
कोरोना महामारी में,
उन्हें सड़क पर,
भूख से तड़पता छोड़,
अपने महलों में जा दुबकेगा।
कई दिन मदद के इन्तज़ार में,

पड़े रहे सड़कों के किनारे,
भूख से जब आँतें कुलबुलाईं
किया फिर पलायन तब।
जीवन का बोझ,
अपने सिर पर लादे,
फिर निकले,
हज़ारों मील पैदल चलते।
सब देखते रहे,
चाव से ख़बरें सुनते रहे, शराब की लम्बी लाइनों में,
महँगी बोतलों के लिए,
खड़े तमाशा देखते रहे।
पर किसी को न आयी दया,
कोई बचाने न आगे आया।
तार–तार होती रही मानवता।
पापी पेट के लिए,
भूखे–प्यासे चलते रहे,
कड़ी धूप में चलते रहे।
कभी भूख से कभी थक कर
कभी कट कर मरते रहे।
पलायन ही इनकी नियति है,
क्योंकि, शहर किसी का नहीं,
और मेरा गाँव रोटी देता नहीं।

डी.एम. सावित्री

युग का सच

बदल रहा है युग, युग संग बहना होगा,
समय के संग चलना होगा।
जिस युग में जीना है,
उस युग का सच लिखना होगा।
जीने की चाह में–
युग के सच को सहती हूँ,
युग का सच कहना होगा।
दिशाओं की दहशत, वादियों का क्रन्दन,
समय का हाहाकार लिखना होगा।
जीने की राह में–
जग का उत्पीड़न, हृदय का स्पन्दन,
जीवन का बन्धन सहना होगा।
युग की छाती पर स्मृति–
चित्र अंकित करना होगा।
जिस युग में जीना है,
उस युग का सच लिखना होगा।

आशा

बादलों को ज़रा छँटने दो,
बारिशों को ज़रा थमने दो।

हम तुम मिलेंगे ज़रूर,
मौसम को ज़रा बदलने दो।।
दूरियाँ मिट जायेंगी ज़रूर,
राहों को ज़रा चलने दो।
हम तुम मिलेंगे ज़रूर,
मौसम को ज़रा बदलने दो।।
हृदय की पीड़ा पिघलेगी ज़रूर,
आँसुओं को ज़रा बहने दो।
सोये हुए तार बज उठेंगे ज़रूर,
गीत प्यार के ज़रा गुनगुनाने दो।।
ख़ामोशियाँ बोल उठेंगी ज़रूर,
प्यार की बातें ज़रा पनपने दो।
अँधेरे उजाले में बदलेंगे ज़रूर,
दिए की लौ ज़रा बढ़ने दो।।
ज़िन्दगी कहानी बुनेगी ज़रूर,
रिश्तों को ज़रा सँभलने दो।
हम तुम मिलेंगे ज़रूर,
मौसम को ज़रा बदलने दो।।

संक्रमण

देखते ही देखते ये क्या हो गया,
दिन ठहर गया, रात ख़ामोश हो गयी।
राहें थम गयीं और राही रुक गया,
चली कैसी हवा, संक्रमण ने मौसम बदल दिया।।
अपनों ने अपनों को दरवाज़े पर छोड़ दिया,
आदमी, आदमी से दूर हो गया।
जग में जब से कोरोना छा गया,
चली कैसी हवा, संक्रमण ने मौसम बदल दिया।।
मिलते थे जो गले, हाथ मिलाने से रोक दिया,

ये कैसा विषाणु हवा अपने साथ लायी।
साँसों ने भी हवा से पर्दा कर लिया,
चली कैसी हवा, संक्रमण ने मौसम बदल दिया।।
जीवन में कोरोना ने ऐसा ताण्डव मचाया,
छूटा सब कुछ, पग–पग मौत पसर गयी।
ख़ुद ने ख़ुद को दीवारों में क़ैद कर दिया,
चली कैसी हवा, संक्रमण ने मौसम बदल दिया।।

उद्गार

सागर से उठकर हृदय का,
विस्तार दिखाने आयी हूँ।
उठकर गिरकर हँसती जीती
लहरों से मिलाने आयी हूँ।
यह वीर शहीदों की धरती
सागर के तन पर टैटू–सी
यह पुण्य धरा है अण्डमानी।
जहाँ दूर धरा और गगन मिलें
वह क्षितिज दिखाने आयी हूँ
सागर संग मिल धरती का प्यार
जो बना ज्वार वह लायी हूँ।
यह वीर शहीदों की धरती
सागर के तन पर टैटू–सी
यह पुण्य धरा है अण्डमानी।
मुक्ताओं का मधुर गान
सीपों, शंखों का नाद सुनो
जीवन के रंग हज़ारों हैं
यहाँ इन्द्रधनुष को रोज़ बुनो
यह वीर शहीदों की धरती
सागर के तन पर टैटू–सी
यह पुण्य धरा है अण्डमानी

रेखा राय

पहला शब्द

तोतली ज़ुबान से निकला पहला शब्द
उसे सारे जहाँ की ख़ुशियाँ दे जाता है,
बच्चों में ही उसे नज़र आती है ज़िन्दगी अपनी
उनके लिए तो 'पिता' अपनी ज़िन्दगी दे जाता है।

उसके लफ़्ज़ों को कभी ग़लत मत समझना
कि उसके हर अल्फ़ाज़ में एक गहराई होती है,
न समझना उसकी हरकतों को अपने लिए परेशानियाँ तुम
तुम्हारे लिए तो 'पिता' ने दिल में एक दुनिया बसायी होती है।

सुलझा लिया करती हूँ

उलझनें हैं बहुत...
मगर, सुलझा लिया करती हूँ...
और, फ़ोटो खिंचवाते वक़्त...
मैं अक्सर मुस्कुरा लिया करती हूँ...

क्यूँ नुमाइश करूँ...
अपने माथे पर शिकन की...
मैं, अक्सर मुस्कुरा के...
इन्हें मिटा दिया करती हूँ...

क्योंकि...
जब लड़ना है, ख़ुद को ख़ुद ही से...
तो, हार–जीत में...
कोई फ़र्क़ नहीं रखती हूँ...

हारूँ या जीतूँ...
कोई रंज नहीं..
कभी ख़ुद को जिता देती हूँ...
तो, कभी ख़ुद से जीत जाती हूँ...

ज़िन्दगी तुम बहुत ख़ूबसूरत हो...
इसलिए मैंने तुम्हें...
सोचना बन्द और...
जीना शुरू कर दिया है...

माँ तो आख़िर माँ हैं

दामन के मैले दाग छुपा के क्या होगा,
इक दिन का यूँ ढोंग रचा के क्या होगा।

चार शब्द भी प्यार से जिससे बात न की,
दुनिया को दिखलाने को त्योहार मना के क्या होगा।

जब भी बीमार हुए थे तुम सारी रात जगी थी वो,
अब उस रोती माँ को ख़ुशहाल दिखा के क्या होगा।

बहुत पढ़ी नहीं है, इंग्लिश विंग्लिश नहीं जानती,
कोई दोस्त जो पूछे तो मेहमान बता के क्या होगा।

माँ तो आख़िर माँ है ना वक़्त बिताओ उसके संग,
उसके जाने पर फिर अफ़सोस जता के क्या होगा।

मिथिलेश सिंह

प्यारी बेटी

बेटी का हर रूप सुहाना,
प्यार भरे ह्रदय का,
न कोई ठिकाना, न कोई ठिकाना।।
ममता का आँचल ओढ़े,
हर रूप में पाया,
नया तराना, नया तराना।।
जीवन की हर कठिनाई को, हँसते–हँसते सह जाना,
सीखा है ना जाने कहाँ से उसने,
अपमान के हर घूँट को,
मुस्कराकर पीते जाना,
मुस्कराकर पीते जाना,
क्यों न हो फिर तकलीफ़
भयंकर, सीखा नहीं कभी
टूटकर हारना,
ज़माने की ज़ंजीरों में
जकड़े हुए, सीखा है सिर्फ़ उसने,
आगे–आगे बढ़ते जाना।।
बेटी का हर रूप सुहाना,
प्यार भरे ह्रदय का, ना कोई ठिकाना, ठिकाना।।

मंज़िल दूर नहीं

रुक गये अगर तुम तो रह जाओगे पीछे,
दूर नहीं अब मंज़िल, बस कुछ ही मोड़ और हैं।
ओझल न हो मंज़िल एक पल भी नज़रों से,
हर पल करती, दिल की धड़कन यही शोर है।
चाहे गरजे बादल या बिजली ही चमके,
आँधियाँ हों घनी या बारिश घनघोर बरसे,
हर मुश्किल पार कर जाना उसकी ओर है।
दूर नहीं अब मंज़िल, बस कुछ ही मोड़ और हैं।
चलते–चलते पैर थक जायें चाहे,
या पथरीले रास्तों में बाधा कोई डाले,
घने अँधियारे के बाद ही, आती इक भोर है।
रुक गये अगर तुम तो रह जाओगे पीछे,
दूर नहीं अब मंज़िल, बस कुछ ही मोड़ और हैं।

माँ की ममता

होती है बड़ी प्यारी माँ, होती है सबसे न्यारी माँ।
सुख सारे देकर हमको, दुख सारे ढोती है माँ।
ममता का सागर है माँ, अम्बर–सा विस्तार है माँ।
त्याग मूर्ति है प्रकृति–सी, धरती–सा माँ का प्यार।
सदा प्यार हमको देती है माँ, दयालु बहुत होती है माँ।
दुख ज़रा भी हो हमें तो, सुबक–सुबक रोती है माँ
माँ सा कोई न दूजा जग में, माँ नदियों–सी बहती है।
माँ की सेवा करने वालों को, कोई कमी नहीं रहती है।

प्रकृति और पर्यावरण

कितनी मनोरम है ये धरती,
प्रकृति और ये पर्यावरण।

कल–कल बहते पानी के झरने,
हरी भरी–सी धरती और इसके इन्द्रधनुषीय नज़ारे।
कलरव करते नभ में पक्षी,
जीवन के राग सुनाते हैं।
मस्त पवन के झोंकों में,
यूँ ही बहते जाते हैं।
फूलों से रस को चुनने,
कितने भौंरे आते हैं।
कली–कली पर घूम–घूम कर,
देखो कैसे इतराते हैं।
बारिश की बूँदें भी देखो,
सबके मन को भाती हैं।
हरा–भरा कर धरती को,
सबको जीवन दे जाती हैं।
कितनी मनोरम है ये धरती,
प्रकृति और ये पर्यावरण।
हमको जीवन देनी वाली प्रकृति का,
मिलकर करना है हम सबको संरक्षण।।

लक्ष्य

असफलता से सीखा है मैंने,
गिरना–गिरकर उठ जाना।

बड़े दिनों के उपरान्त लगी है,
अब जो मेरे ह्रदय में आग,
जब तक न पूरे हो जाते,
मिटने न दूँगी सपनों का राग।
दृढ़ विश्वास मुझमें है
सफल बनूँगी मैं एक दिन,

भर लिया मन में साहस
करूँगी हर राह कठिन।

उम्मीद की न हो किरण
पर होगा वही जो चाहेंगे हम,
चलकर मुश्किल रास्तों पर
पायेंगे लक्ष्य खाई है क़सम।

समस्याएँ, बाधाएँ आयेंगी
ये जीवन की अनिवार्य कहानी है,
पाकर सफलता ये सबको
एक दिन हमें सुनानी है।

माना कि लक्ष्य की राह में
आते हैं घनघोर अँधेरे,
संघर्ष, मेहनत और लगन से
पूरे होंगे ज़रूर सपन मेरे।

के. गौरी

नमस्ते!

मैं आपके साथ सदियों से जुड़ी हूँ।
सब युग, युगपुरुष, धीरोदात्त नायक देखे हैं।
अपने आशीर्वाद से कई लोगों का पाप विमोचन किया।
महाभारत के दृढ़ नायक भीष्म को अपना पुत्र मानती हूँ।
भगीरथ की तपस्या से प्रसन्न होकर, भगवान शिवजी की कृपा से
पुण्य भारत में प्रवाहित हुई हूँ।
सागर पुत्रों को अपने स्पर्श से स्वर्ण बना दिया।
अपने किनारे कई राज्यों, नगरों का विस्तारण देखा।

आजकल,
विकास से प्रभावित होकर बदलती दुनिया के साथ–साथ
मुझ पर कारख़ानों के कचरे, प्लास्टिक के कचरे,
पुण्य और धर्म के नाम से शव और राख के विसर्जित कचरे से
मैं, न स्नान करने के योग्य हूँ, न पीने के योग्य हूँ।
कितने क़ानूनी स्वयंसेवकों, सरकारी कार्रवाइयों ने,
मुझे साफ़, शुद्ध करने के लिए प्रयत्न किये हैं, लेकिन
कोई प्रयोजन नहीं।

अचानक,
विश्वव्यापी कोरोना महामारी के कारण पूरी दुनिया सूनी पड़ी है।
मेरा भारत भी!
विश्व बन्द के कारण आज मैं बिल्कुल साफ़ और स्वच्छ हुई हूँ।

मेरी स्वच्छता का दर्शन भी अब आप कर सकते हैं।
युगों के बाद, फिर से मैं, शुद्ध और स्वच्छ बन गयी हूँ।
मैं गंगा।।

रोज़ का तमाशा

मैं उठ गयी साढ़े चार
घर को साफ़ करना है,
नाश्ता नया–नया बनाना है,
दोपहर का भोजन स्वस्थ होना है,
बच्चों को पढ़ाना है,
डाइबिटीज हुए
सास–ससुर की देखभाल करना है
पति के लिए सुन्दर दिखना है,
गूगल का ज्ञान होना है,
दुनिया की ख़बर अद्यतन जानना है,
काम कर कमाना है,
पैसे बचाना है,
परिवार में सबकी फ़िक्र करना है,
समाज में 'जी' कर दिखाना है,
यही मेरा रोज़ का तमाशा है–
इसमें कब साँस लेना है??

मुझे क्या हो गया?

मुझे क्या हो गया?
सुबह उठते ही मेरी आँखें ढूँढ़ती हैं–मोबाइल।
सोच में पड़ गयी–आज कौन–सा 'स्टेटस' मैं रखूँ?
लेकिन भूल गयी–आज क्या खाना पकाऊँ?
सोच में पड़ गयी–आज कौन–सा
गाना 'म्यूज़िकली' मैं गाऊँ?

लेकिन भूल गयी–स्कूल से आने वाले बच्चों के
गृहपाठ कैसे करवा दूँ?
सोच में पड़ गयी–आज कौन–सी पोशाक पहन कर
'फेसबुक' में कैसे लाइक्स ले लूँ?
लेकिन भूल गयी सासू माँ को क्या दवाई दूँ?
सोच में पड़ गयी–आज 'एमेजॉन' में क्या ऑर्डर करूँ?
लेकिन भूल गयी घर का सब काम–मुझे क्या हो गया?
धीरे–धीरे मैं बदल गयी।
यही मन का सच है,
स्वीकार करना है,
क्योंकि, मैं आज की फ़ैशनपरस्त नारी हूँ।

हिन्दी के बिना हम नहीं

आँखों के बिना दृष्टि नहीं,
जड़ के बिना पेड़ नहीं,
माँ के बिना परिवार नहीं,
नारी के बिना समूह नहीं,
हिन्दी के बिना हम नहीं।

वरदान या इम्तिहान

वरदान या इम्तिहान
बच्चों के लिए वरदान,
बूढ़ों के लिए इम्तिहान,
काम करने वालों का वरदान, माँ–बाप का इम्तिहान,
कुछ लोग इससे फ़ायदा उठाते हैं,
कुछ लोग खाना–पीना भी भूल जाते हैं,
जब यह असली रूप दिखाता है?
सच में है कि–इसका उपयोग जैसे करें–
वैसा फल हम प्राप्त करें–वह आज का
'मोबाइल'।

वी. गीता मालिनी

बदलते रंग

फूलों के अनगिनत रंग, सुन्दर दिखते हैं
फलों के पकते रंग, मिठास भरते हैं
पर लोगों के बदलते रंग, दिल में कड़ुवाहट पैदा कर देते हैं।
मौसम भी रंग बदलते हैं
धूप तो कभी छाँह, बाढ़ तो कभी अकाल रूप दिखलाते हैं
जीव–जन्तु भी अपने रंग बदलते हैं
डाल तो कभी पत्ते, फूल तो कभी पत्थर बन जाते हैं
पर लोग जब रंग बदलते हैं
मतलबी तो कभी स्वार्थी, लालची तो कभी झूठे बन जाते हैं।
यूँ तो मनुष्य अपने आप को श्रेष्ठ कहता है
फिर क्यों अपनी श्रेष्ठता का परिचय नहीं दे पाता
अपने फ़ायदे के लिए रंग बदलते लोग
कभी किसी के दिल में बस नहीं पाते, रंग घोल नहीं पाते।।

निडर पौधा

सुनो नन्हे–नन्हे पौधो
तुम क्यों हो इतने डरे–डरे और सहमे–सहमे
हवा के झोंके से या पानी की बरसात से
जानवरों के क़दमों से या मनुष्यों के छूने से
अपने अस्तित्व की खोज में लहराते वहीं से

कभी हौले–हौले, तो कभी प्रबलता से
तू ही तो हम सब की जान है
तेरे बिना हम सब बेजान हैं।
न डर प्रकृति के प्रकोप से
न जानवरों के खाने से
न मनुष्यों के काटने से
तेरी जड़ों को धरती माँ ने पकड़ा है
पिता समान किसान ने पाला है
पानी और सूरज की किरणों ने दोस्ती निभायी है
तो किस बात का डर, बढ़ते रहो निडर
तुम समझते हो अपनी उपयोगिता, हो सबके अन्नदाता।।

मेरी अधूरी कविता

चाहती थी एक कविता लिखूँ
इस सोच में पड़ गयी क्या लिखूँ, किस पर लिखूँ
यह सोचते–सोचते दिन के बारह बज गये
रसोई बटोर कर की घर की साफ़–सफ़ाई
फिर लिखने को बैठी
अब सोच में पड़ गयी, लिखूँ या न लिखूँ
यह सोचते–सोचते बच्चे आ गये स्कूल से
खिलाया–पिलाया, पढ़ाया–लिखाया और एक खेल भी खेला
यह करते–करते शाम ढलने लगी
फिर सोचा, कुछ तो फ़ैसला करना पड़ेगा
रात बढ़ी, नींद दस्तक देने लगी
बस अब मैंने ठान लिया
कल फिर से शुरू करूँगी
मेरी अधूरी कहानी...ओ...नहीं...मेरी अधूरी कविता।।

बिछड़ा पंख

बिछड़ी में अपने मूल से
हवा के झोंके ने मुझे राह दिखायी

कभी ज़मीन पर, तो कभी आसमान पे
कभी पेड़ के तने से चिपकी
तो कभी पत्तों के ऊपर सोयी
हवा थमी तो कहीं आराम फ़रमाती
हवा चली तो उड़ते–उड़ते घर की छत पहुँच जाती
कभी बच्चों ने फूँक–फूँक कर उड़ाया
तो कभी ऊपर से ऐसे ही छोड़ दिया
कभी किसी की खिड़की पकड़ी
तो कभी सहमी–सी कीचड़ में जा गिरी
पहले स्याही छूकर लिखने के काम आती तो किताब बन जाती
अब किताबों में बन्द कर कोई मुझे सँभालता या फेंक देता
मेरी क़िस्मत में क्या है, मैं ख़ुद नहीं जानती
मैं हूँ पंख अनोखा, अलबेली है मेरी कहानी।।

कोरोना

न न कोरोना, ऐसा मत करो ना
किसी को न डराना,
किसी को न रुलाना,
और कितना सताना, बस करो करो ना

हाँ हाँ कोरोना, हमें यह करना
हाथ–पैर धोना,
मास्क से मुँह ढँकना,
और सामाजिक दूरी बनाये रखना, करेंगे हम कोरोना।।
बहुत हो चुका कोरोना, रहम करो ना
अब अलविदा कहो ना
कहना मानो ना कोरोना
जीने दो ना, चले जाओ कोरोना।।

आर. पार्वती

साँस तू ले ले

अपनी नन्ही–सी जान को,
गोद में उठाते हुए,
ममता से सहलाते हुए,
माँ उसके कानों में बोली,
प्यारी बिटिया साँस तू ले ले,
यही वक़्त है,
साँस तू ले ले।
आगे जाकर बन जायेगी,
घर के अनुशासन की क़ैदी,
माता–पिता के भाषण की क़ैदी,
भाई–बहन के झगड़ों की क़ैदी,
सखियों के नखरों की क़ैदी,
प्यारी बिटिया, साँस तू ले ले
यही वक़्त है,
साँस तू ले ले।
सफ़र अभी तो जारी है,
ज़िम्मेदारी भारी है,
आगे जाकर बन जायेगी,
ससुराल के नियमों की क़ैदी,
पति के प्यार की क़ैदी,

बच्चों के मोह–माया की क़ैदी,
दिनचर्या की थकान की क़ैदी।
अन्तिम चरण में पहुँचते–पहुँचते
बन जायेगी
यादों की क़ैदी,
प्यारी बिटिया, साँस तू ले ले।
यही वक़्त है,
साँस तू ले ले।।

थम जा

थम जा...ऐ इन्सान,
ज़रा थमकर सोच,
क्यों रो रहा है,
देख इस दौर को।
जो तूने दिया था,
वापस वही आ रहा है,
जो तूने किया था,
वापस वही पा रहा है।
दूसरों के जो पर,
काटता था कभी,
ख़ुद परकटा बन,
बैठा है अभी,
दूसरों पर जो,
चिल्लाता था कभी,
ख़ुद मास्क में बँधा,
हुआ है अभी।
बिना रोक–टोक के,
जो बाहर जाता था,
हर तरफ़ प्रदूषण,

जो फैलाता था,
बेड़ियों में आज है जकड़ा हुआ,
कोरोना बीमारी ने,
तुझे पकड़ा हुआ,
अब भी समय है,
सुधर जा, सँभल जा,
थम जा... ऐ इन्सान,
बदल जा, बदल जा।।

किताब एक एहसास

लम्बे–लम्बे गलियारों में
सजी किताबों की क़तार,
कभी बिखरती, कभी सिमटती,
फिर बन जाती एक क़तार,
कहीं दूर एक कोने में से,
झाँक रही थी मैं हर बार।।

खिड़की के फलक को भेद,
जब सुबह की किरणें आती हैं,
रोज़ नये चेहरों को देख, एहसास मुझमें जगाती हैं।
काश! मुझे भी ढूँढ़ते हुए, कभी, कोई तो आयेगा,
अपनी उँगलियों के स्पर्श से, मेरे पन्नों को सहलायेगा,
मेरी गाथा पढ़ने मुझे,
अपने संग ले जायेगा,
कुछ अपने लम्हों को,
मेरे साथ भी बिताएगा।।
सोच रही हूँ, क्या अन्तर है?
हम दोनों के बीच में?
लालसा जो है तुम्हारी,

वही मेरी भी आस है!
बस!
यही बन गया है अब,
मेरे जीवन का सार
किताबों की क़तार में बैठी,
करती हूँ इन्तज़ार,
आस लगाये कहीं दूर से,
झाँकती हूँ बार–बार।।

अनुराधा अग्रवाल 'अनु'

पगडण्डी

यह पगडण्डी
आरम्भ होती है वहीं से,
जहाँ से है सड़क रुकती
बड़ी लजीली, लचकीली
कामिनी–सी कोमल
पतली कमर–सी
बनी है लख–लख
पदचापों से प्रतिदिन
ठोकरें खाने के बाद
एक सहज सुगम रास्ता
न इस पर घास उगती
न रोशनी लैम्पपोस्ट की
लहराती, गतिमय
चलती जाती है।
मंज़िल तक पहुँचाती है,
इसमें भरी होती हैं,
अनगिनत ख़ुशियाँ
राहगीरों के,
मीतों के,
रिश्तों के,
गृह वापसी की।

संकल्प-डोर

श्रवणेति,
सागर को दिया दान
ईश्वर तक जाता है
क्योंकि 'सिन्धु' ब्राह्मण है।

रत्नाकर–पूजन के दिवस,
भक्तगण कर रहे समर्पित
इन्द्रधनुषीय–सप्तरंगी पुष्प मालाएँ
फूल–अगरबत्ती, धूप–बत्ती
दीपज्योति, नारिकेल
औ' सिक्कों की खनखनाहट भी,
सुपात्र के कमण्डल में
निमग्न सोचता, अर्पित–समर्पित
करूँ क्या?
'पयोधि' ब्राह्मण देव को,
करूँ प्रसन्न? पाऊँ वरदान?
बनाऊँ जीवन सुफल?
मौन मैं विचारमग्न
फ़ैसला ले लिया,
अनायास, अविवेकी, अद्‌भुत,

कर दिया निज को
समर्पित ऊँची
उफनती,
सिंह–सी दहाड़ती
ज्वार भाटित
सागरीय
लहराती, लपलपाती
लहरों में
अचम्भा

तब घटित
कुछ हुआ इस प्रकार

चमकी कड़कड़ाती...बिजुरिया,
बरसी छमछमाछम...बदरिया,

नील वसन धारी, श्वेतांग, श्वेतवर्ण
ब्रह्म रूप 'पयोद' ने स्व प्रकटित हो
आदेश दिया कुछ इस तरह...

फेंक दो, लौटा दो, भेज दो,
वापस धरातल पर
इस तुच्छ–निकृष्ट प्राणी को
टूटा–मन, थोथा–बदन,
लज्जित–लाचार,
इस मानव का दान 'न'
स्वीकृत मुझे

इति
मैं लौटा दिया गया
ठुकरा दिया गया
खोटे सिक्के के सम
लहराती उफनती
झाग वाली
बेलगाम लहरों द्वारा

तिरस्कृत 'मैं'
पूर्ण तरह झकझोरा गया,
मेरे अन्तर्मन को
मानो मैं कोई हूँ नपुंसक।

संकल्प मेरे इन्तज़ार में
प्रतीक्षारत था
चमकती

रेतीली
'पयोधि' के तट पर,
सम्प्रति में लौटा

नवल उत्साह...
नवल संकल्प...
नवल प्रेरणा...
से पूर्ण
जीवन की असीमित
अनगिनत आकांक्षाओं
उद्दीप्त आशाओं के साथ
पुरातत्व को त्याग

छिद्रान्वेषित विचारों के
वस्त्रों को तज कर,
छिटक कर,
नवीन प्रेरणा औ'
संकल्प रूपी नव ऊर्जा
से सुसज्जित
पुनः
न टूटने के लिए
दृढ़ संकल्प के साथ
कुछ कर पाने की चाहत
व उच्च मनोबल के साथ
'अनु'
पाकर पुनर्जन्म
अपने
और अपनों के लिए!

पवन

उसने पतझड़ी
पवन से पूछा,

कि इतने सारे तरु के
पीतवर्ण पत्ते,
क्या तुम छाँटकर गिराती हो
मन्द स्मित, पवन उवाच,
अरे नहीं!
गिराना मेरा काम नहीं
गिरते वही हैं
'अनु' जो
'वृक्षत्व'
को खो
चुके होते हैं

जिज्ञासा

किसको देगी श्रेय तू कल्लिका?
प्यारी मंजु, मनोहारी, मल्लिका।
क्या माली को सींचा जिसने?
या उपवन को पोसा जिसने?
या मिट्टी को सोंधा जिसने?
रंग–बिरंगी, झिलमिल कलिका।
बनी प्रसून जो आज सुगन्धित।
किया शृंगारित वन–उपवन यह।

मुस्काती यों बोली कलिका,
माली हमरा जीवन–दाता।
उपवन यह गृह प्यार भरा,
डाली हमरी माँ ममता है।
मिट्टी है पोषण की भरता,
सबका है उपकार कली पर।
'अनु' जो महका है आज बगीचा।।

सरोज सिंह 'आफरीं'

ये रिश्ते

हसीं यादों को तनहा क्यों छोड़ जाते हैं ये रिश्ते
क्यों गुमनाम ज़िन्दगी का बोझ यूँ ढोते हैं ये रिश्ते
कभी ख़ुशियों के गीतों को दिलों में गुनगुनाते हैं
तो कभी दर्दे–अहसास के नाम पर रुला भी जाते हैं।
रह–रहकर क्यों तड़पाते और मज़ा लेते हैं ये रिश्ते
हसीं यादों को तन्हा क्यों छोड़ जाते हैं ये रिश्ते
ये बेहिसाब डाल देते कभी ख़ुशियों में खलल
छोटी–छोटी बातों में टूट जाते दिलों के महल
क्यों जुदाई का दर्द देकर बिखर जाते हैं ये रिश्ते
क्यों गुमनाम ज़िन्दगी का बोझ यूँ ढोते हैं ये रिश्ते
कभी ये सब कुछ भुलाकर मुस्कुराने का सबब बनते
मुहब्बत से ही ज़िन्दगी के वीराना गुलिस्ताँ बनते
इस तरह कभी कच्चे धागों में बँध जाते हैं ये रिश्ते
हसीं यादों को तन्हा क्यों छोड़ जाते हैं ये रिश्ते

पल

इस पल भर के समय मुझे थोड़ी–सी ख़ुशी दे दो
कुछ न दे सको तो हल्की–सी हँसी दे दो
पतझड़ के मौसम में बहार बनके आओ
ग़र्मी में पड़ी बूँदों की भीनी–सी महक लाओ

सर्दी में सिरसिराते बदन की ठण्डक लाओ
फूलों में गुनगुनाते भँवरोरी गुंजन लाओ
बरसात संग लहराते खेतों की चमक लाओ
ऐ दोस्त तुम आये बदले ये सारे मौसम
इस दर्द को सहलाने मरहम ही बनके आओ
आ भी न सको तो बरसात बन के आओ
जीने की वजह दो या मेरे साथ जीके जाओ
अरमान मेरे जागे उनको सुला जाओ
ऐ दोस्त तुम आ जाओ, ऐ दोस्त तुम आ जाओ।

यादें

न जाने क्यों वे फिर आज याद आये हैं
जिनकी यादों में हर पल आँसू बहाये हैं
उनकी जाने की ज़िद ने रुला दिया हमको
न जाने क्यों वो बार–बार याद आये हैं
ज़िद थी जाने की कभी न सताने की
रह–रह के तड़पाने की कभी न वापस आने की
फिर न जाने क्यों मेरे ख़्वाबों में वो आये हैं
मेरी ज़िन्दगी को वीरान बनाये हैं
घर के कोने नज़र आये हैं
उनकी यादें मिटाऊँ कैसे
उनकी बातों को भुलाऊँ कैसे
न जाने क्यों वो फिर याद आये हैं।
जिनकी यादों में हर पल आँसू बहाये हैं।

काव्य सुगन्ध

इस जीवन की प्यास है कविता ईश्वर का वरदान है कविता
मन भावों की परछाईं की एक सुनहरी आस है कविता

आँखों की झुरमुट से तकती सतरंगी रंग बसाती है
जीवन का अनुभव लेकर हर पंक्ति को महकाती है
अलंकार की श्वास है कविता, मन आँगन की प्यास है कविता
भाव सृजन के उपवन में छन्दबद्ध राग सुनाती है
सरोज स्मृति निराला की बन सत्य वचन कह जाती है
इस दिल का उल्लास है कविता होंठों का मन्द हास है कविता
बच्चन की मादक मधुशाला आह्लादित कर देती है
ख़्वाब सजाकर आँखों में फिर प्रेम–वर्ण रँगती उपवन को
क़लम की धार, सन्त्रास है कविता, कोलाहल,
अट्टहास है कविता।

डोली

मद्रास

दूर–दूर तक फैली झीलें, कभी भरी रहती थीं–
लबालब पानी से।
अब तो बस!
कहीं–कहीं धब्बों में सिमट गयी हैं।
कभी तरुणाई से भरी–भरी
सोने–सी
स्मित हास्य करती थीं
झीलें,
तरंगित मन होते ही, लहरियाँ उठाती थीं।
पर अब!
बड़ी अनमनी–सी, सूखी–सी दीख पड़ती हैं।
झीलों का बलात्कार करने वाले,
सो रहे हैं सुख की नींद।
तब्दील कर दिया है
उन्होंने झीलों को–
सूखी दूर–दूर तक फैली बालू में।

अर्गला

ऐ कोरोना!
अर्गला लगा ली है शहर ने।

तुम्हारा बोझ ढोते–ढोते शहर के कन्धे झुक गये हैं,
बस!

अँधेरा ही लुटाते हो कोरोना।
मैंने उजाले का एक दीप रखा है–
मन रूपी द्वार पर–मन रूपी द्वार पर,
अच्छे पलों के आने की आशा में बैठी हूँ।
हम न थके हैं, न हारे हैं–बस!
थोड़े हताश हो जाते हैं,

पर–
द्वार पर रखा उजाले का दीपक, नयी आशा जगाता है।
ऐ कोरोना–
भले ही सहमा हुआ है विश्व सारा,
ऐ दुश्मन कोरोना!
भले ही आज उलझनें हैं, बाधाएँ हैं, परेशानियाँ हैं–

पर,
आयेंगे अच्छे पल।
तुम मर जाओगे कोरोना–
इसी आशा में एक दीप रखा है
देहरी पर–देहरी पर।

ब्रह्माण्ड की आवाज़ है बेटी

ब्रह्माण्ड की आवाज़ है बेटी,
हर घर का शृंगार है बेटी।
जैसे–
बिना चिड़ियों की सुबह नहीं होती,
बिना तारों की शाम।
बिटिया के बिना नहीं होती, किसी घर की शान
ब्रह्माण्ड की आवाज़ है बेटी।

घर–घर का श्रृंगार है बेटी।
घर के हर कोने में गूँजती हैं, किलकारियाँ बेटी की।
डोली में बैठकर जब वह–
चली जाती है,
तब!
लगता है ऐसा–
मानो–
कोई आवाज़ नहीं बचती ब्रह्माण्ड में।
ब्रह्माण्ड की आवाज़ है बेटी।

माँ

माँ!!!–धरती होती है।
जननी होती है माँ
धरती होती है जननी होती है माँ
जो जन्म देती है एक संस्कृति और एक परम्परा को
माँ धरती माँ जननी होती है।
वह जगाती है बालक में संवेदनाएँ,
जगाती है निद्रा से...
दूर करती है दुख और कष्टों को
माँ धरती होती है जननी होती है
इच्छाएँ जगाती है ख़ुशियाँ खिलाती है
घाव पर मरहम लगा बेचैनी भगाती है
माँ
धरती होती है जननी होती है
माँ शिशु को जन्म देती है
पालती है पोसती है,
अपने स्पर्श में ख़ुशियाँ पालती है।
स्नेह भीगे आँचल में शिशु को समेट कर
माँ धरती हो जाती है जननी बन जाती है

माँ
हँसती–खिलखिलाती गुलाब बन जाती है,
जो अपनी हथेलियों पर रोप लेती है
अपने शिशु की आशाओं को
खाद–पानी डाल मन से दुलराती आती है।
जीवन मृगतृष्णा नहीं सच्चाई है यही एहसास दिलाती है।
माँ धरती और जननी होती है।
माँ
जिस पल हँसती है रोशनी बिखर जाती है
जिस पल रोती है कहीं बारिश हो जाती है
जिस पल दुखी होती है बादल छा जाते हैं
माँ
धरती होती है जननी होती है।
माँ
एक संस्कृति एक परम्परा को ढोती है माँ।

मन

मन तलाश करता है अनजानी मंज़िल,
खोज लिया करता है बेचैन होकर–
जानी–पहचानी दिशाएँ,
अनजानी राहें।
मन तलाश करता है अनजानी मंज़िल,
कभी पहुँच जाता है सदियों पीछे,
अर्थ के इन्द्रजाल में लिपटा,
घूमता है–
नदी–नद उपवन
कभी–कभी आवारा हो जाता है।
मन
तलाश करता है अनजानी मंज़िल।

खोज लिया करता है बेचैन होकर,
जानी–पहचानी दिशाएँ,
कई बार
डूब जाता है बेचैन होकर,
दिशाओं की भँवरों में
मँडराता है,
आतुर होकर
अनजाने राही–सा खोजता है,
अनजानी मंज़िल।
बिना आगा–पीछा सोचे
मन तलाश करता है–अनजानी मंज़िल
खोज लिया करता है बेचैन होकर,
जानी–पहचानी दिशाएँ।
ज़िन्दगी का सफ़र कई बार अकेले तय करता है।
यह
पागल मन संदीला–सा पल लिए,
खो जाता है दूर कहीं दूर तारिकाओं में।
मन तलाश करता है–अनजानी मंज़िल।

रंजीता भारती

सार्थक जीवन

जीवन का मूल्य।
भलाई की धरोहर।
कहीं सुखों का सागर।
कहीं दुखों का पहाड़।
सामान्य सुख–दुख में।
जीवन की सार्थकता है।

बेसहारों का सहारा बनकर।
ग़ैरों का ग़म लेकर।
ख़ुशी देना ही।
जीवन की सार्थकता है।

सुख की चाह में, दुख के पास हम।
पश्चात्ताप में डूबा इन्सान।
आगे संकल्प की राह धर्म है।
जीवन की सार्थकता है।

अहम और वहम में जीता, नशीला और पागल है।
परोपकार की कड़ी में, जीवन की सार्थकता है।

लाख कोशिशों के बावजूद, असफल होता इन्सान।

गिरकर भी डटकर चलना।
जीवन की सार्थकता है।

कुर्सी

साल शीशम की बनी, माध्यम है आराम का।
निर्जीव खड़े संसार में, ऊर्जा संचार करती कुर्सी।
कुर्सी की राजनीति में।
पाँच–पाँच सालों का जादू।
फँसे हैं मायामोह में, हाई सोसायटी के दौर में।
सुख–समृद्धि में लिपटा मानव।
अहंकार की धरोहर में।
रिश्तों के अनमोल डोर को।
तोड़कर उड़ चला।
कुर्सी की मृगतृष्णा में, इन्सानियत हुई शर्मशार।
न्याय–अन्याय के रंगमंच में।
भ्रष्ट विजेता बनी कुर्सी।
वाह रे वाह कुर्सी।
नतमस्तक है तुमको।
तेरी महिमा अपार है।

जुबाँ

जुबाँ की जादूगरी में।
वक़्त के सियासी खेल में।
अपने पराये के तीखी प्रहार से।
जुबाँ की बढ़–चढ़कर अदायगी में।
स्वार्थी इन्साँ अपने गन्दे खेल में।
जुबाँ को फिर मोहरा बनाया।
रिश्तों की गुत्थी में।
मन आत्मा की अदालत में।
जुबाँ जवाबदेही पिंजड़े में।

फिर ज़ुबाँ बनी क़ैदी।
वक़्त की तराज़ू में।
सफ़ाई न पेश कर सकी।

और ज़ुबाँ बेज़ुबाँ बनी
कभी बेची गयी
कभी ख़रीदी गयी
किसी की गुलामी बनी।
ये ज़ुबाँ की दास्ताँ हुई।
जो लाचार और मजबूर हुई।
या घायल हुई ज़ुबाँ।

गली

कभी उसकी गली में जाना था मेरा।
ख़ुशबू–सी आती थी उस गली की।
तन–मन में लहर थी।
तो प्यार होना ही था।
कभी उसकी खिड़की में।
कभी उसके दरवाज़े में।
आँखें टिकाये रखता था मैं।
अब आये तब आये।
यह इन्तज़ार कब जाये।
बस दुआ थी मेरी
मिलन कब हो मेरी।
आज गली भी वही है।
दरवाज़ा भी वही है।
बस दीदार नहीं है।
न हुस्न है न इश्क़ है।
बस ख़ामोशी की अदा है।

आज मना है उस गली में जाना।
कभी आहें भरते थे उसके नाम से।
वह आज गैरों की बाँहों में लिपटी है।
जी करे कह दूँ प्यार के क़िस्से।
किन्तु प्यार देने का नाम है, न कि छीनने का।

रेखा सुमन

स्वच्छ भारत

आओ हम भारतवासी
धरती को स्वर्ग बनायें
यह जन्मभूमि है अपनी
एहसास दिलों में जगायें।
हम अपनाकर स्वच्छता को
तन–मन स्वस्थ बनायें
कर सुकर्म इस जीवन में
हम एक मिसाल बन जायें
यह जन्मभूमि है अपनी
एहसास दिलों में जगायें।
वृक्ष रोपकर पर्यावरण को
प्रदूषण रहित बनायें
बुद्धि की शुद्धि करने को
ज्ञान बाँट सुख पायें
यह जन्मभूमि है अपनी
एहसास दिलों में जगायें
एक बनें और नेक बनें हम
यह सन्देश फैलायें
कर उपकार एक–दूजे पर
धन को शुद्ध बनायें
यह जन्मभूमि है अपनी

एहसास दिलों में जगायें
स्वच्छ भारत अभियान चलाकर
जीवन सफल बनायें
नयी पीढ़ी को ज्ञान बाँट कर
उज्ज्वल भविष्य बनायें
यह जन्मभूमि है अपनी
एहसास दिलों में जगायें
आओ हम भारतवासी
धरती को स्वर्ग बनायें
यह जन्मभूमि है अपनी
एहसास दिलों में जगायें

अहसास

हाँ वे पिता ही थे
जो अपनी पुरानी पुश्तैनी
चादर मुझे ओढ़ाकर
ख़ुद भीगकर मुझे बचाते थे
और कभी दफ़्तर से
दोस्तों की महफ़िलों से
अपने हिस्से के मिष्ठान
बहुत मीठा है कहकर
डिब्बों में बचाकर मेरे लिए लाते थे
सर्दियों में चाय की चुस्की लेने की बजाय
उनके ठिठुरते पैर गुड्डे–गुड़ियों वाली दुकानों की ओर
मेरी ज़रूरतों को पूरा करने के लिए
बरबस ही मुड़ जाते थे
मगर आज हम अपनी पसन्द
रंग–बिरंगी चादर ले आये हैं
मनपसन्द मिष्ठान भी बहुमूल्य डिब्बों में

भर लाये हैं
गुड्डे–गुड़ियों के संग नाचे–गाये हैं
फिर भी न जाने क्यों
जब भी बरसात होती है
मैं और मेरी तन्हाई
उस पुश्तैनी चादर के लिए
जी भर कर रोती हैं
और भाँति–भाँति के मिष्ठान
आज हमें तृप्त नहीं कर पाते
बात जो उस पिता के
दफ़्तर वाले मिठाई के डब्बे में थी
आज वह स्वाद इन मिष्ठानों में
बिल्कुल नहीं पाती
और इतनी क़ीमती गुड़ियों के बीच
मुझे उस चाय के बगल वाली
गुड़ियों की दुकान ही बस नज़र आती है
मैं पूछती हूँ इस समाज से
क्यों आज भी बेटी को पैदा कर शर्मिन्दा हैं
बेटियाँ ही तो हैं जिनके दिलों में
पिता का अहसास
आज भी ज़िन्दा है।

कोरोना

युग बदलेगा हम बदलेंगे
बदलेगा एक दिन यह जहाँ
पुरखों ने हमें बहुत समझाया
मगर समझा कब, कौन, यहाँ
सभी बस गाते रहे
अपनी ही चाहत के गीत

भूल अपनी संस्कृति को
स्वार्थसिद्धि को बनाया मनमीत
कर्म वही करते रहे
जो मानवता से दूर था
अर्थ जन्म का समझ न पाये
ऐसे जीना सबका व्यर्थ था
भूल गये मिट्टी के पुतले
मिट्टी में ही मिल जाना है
बस पाने की बात किये हम
भूल गये हमें भी तो खोना है
दे चेतावनी अनगिनत यह धरती
समय–समय पर लेती रही अँगड़ाई
जब मानव फिर भी नहीं समझा
तब कोरोना ने परिवर्तन की
ऐसी हवा चहुँ ओर बहाई
जीवन को जीने की जिसने सबको
आज नयी दिशा दिखलाई।

सृष्टि सृजन

पड़ा था एक पत्थर रास्ते पर
देखा उसने मुझे इठलाकर
तभी पूछा मैंने उससे
बता क्या है तेरी औक़ात
सुनकर हँसा वह पत्थर
बोला मत हो जाना बेचैन
सुनकर मेरा उत्तर
पूछती हो मुझसे मेरी औक़ात
जो अब है तुम से भी बेहतर
ठोकर खाने के डर से

कुछ क्षण सबकी निगाह
ठहरती तो है मुझ पर पलभर
मैं हो गयी अवाक्
तभी प्रकृति भी मेरी तरफ़
रही थी ताक
कहा उसने तो अब तुम्हें
जाननी है मेरी औक़ात
अरे नासमझ, अब और कितना करेगी
मेरी तरफ़ ताक–झाँक
आश्रय दिया था मानवों को
सुकून से जीने के लिए
लेकिन हर युग में तुमने
मुझ पर ही किया आघात
इतना ही नहीं करते रहे हमेशा
धरती और आसमान को जीतने की बात
अब आसमान तो क्या
धरती भी नहीं दे रही तुम्हारा साथ
अच्छा छोड़ो रहने दो
तुमने कब हमारी सुनी है
जो आज सुनोगे
फिर से मानवता के नाम पर
दानवता का नया जाल बुनोगे
लेकिन हम भी प्रतीक्षारत हैं
शायद एक दिन अन्ततः ठोकर खाओगे
और ईश्वर की सुन्दर सृष्टि सृजन का
मूलतः महत्त्व जान पाओगे।

अनीता पुरोहित बबेले

मेरा सपना

आज मेरा भारत, शीर्ष पर खड़ा मुस्कुरा रहा है।
विश्व गुरु से महिमामण्डित सभी का मार्ग प्रशस्त कर रहा है।
अपने असीम विश्वास व अनन्त सम्भावनाओं से,
अनादिकाल तक पूर्ण स्वरूप को दर्शा रहा है।
आज मेरा भारत, शीर्ष पर खड़ा मुस्कुरा रहा है।
अपनी पूर्णता व जीवटता से दूसरों को सम्बल दे रहा है।
संकट को अवसर में बदलने के साहस से सभी को
प्रेरित कररहा है।
आज मेरा भारत शीर्ष पर खड़ा मुस्कुरा रहा है।
शिक्षा की अलख को प्रज्वलित कर
सम्पूर्ण धरा को प्रकाशित कर रहा है।
अपनी दक्षताओं के बल पर
विश्व के शिखर पर सुशोभित हो रहा है।
आज मेरा भारत शीर्ष पर खड़ा मुस्कुरा रहा है।
ये मेरा सपना है, जो आकार ले रहा है
और मेरी कल्पना जो साकार हो रही है।
वेदना की तरह देखती हूँ क्योंकि उसके बाद
जिस शिशु का जन्म होगा,
वह चारों ओर प्रसन्नता का प्रकीर्णन कर,
देश को आगे ले जाने का मार्ग प्रशस्त करता रहेगा।

चिन्तन से प्राप्त अमृत का पान
भारत को विकास के पथ पर ले जायेगा।
और कोरोना जैसे दर्द को हमेशा के लिए भूल जायेगा।
आज मैं एक सपना देख रही हूँ, जो आकार ले रहा है और
मेरी कल्पना जो साकार हो रही है।
जयी गीत गा रहा है व विश्व के शिखर पर खड़ा
खिलखिला रहा है।।

मैत्री-मित्रता

दुर्लभ होती मैत्री, कठिन है होना मित्र।
मुनियों में हो अत्रि, गन्धों में हो इत्र।।1।।
भाग्यवान है वो, जो हो जाये मित्र।
सबसे दुर्लभ है, इक हो साँचा मित्र।।2।।
क़ीमत जानो मित्र की, कठिन काल में।
साथ कभी न छोड़ता, किसी हाल में।।3।।
प्रथम मित्र सौभाग्य है, दूजा है संयोग।
तीजा तो मिलना नहीं, कितने भी हों योग।।4।।
मित्र बनाना नहीं, बनना होता है।
जो इसको समझे, वो ही सोना होता है।।5।।
शक न करना मित्र पर, ये है सच्ची बात।
कितना भी हो विषम, न करता है घात।।6।।
जीवन न हो, मित्रविहीन।
मित्र साथ हो, रखो यकीन।।7।।
मात्र मनुज हो, मित्र हमारा।
हमको तो शुक भी है प्यारा।।8।।
धरती तारे, मित्र हमारे।
हमको तो नक्षत्र भी प्यारे।।9।।
कृष्ण–सुदामा–सी मैत्री होती है पवित्र।
इसी वजह से, मित्रता पूजित है सर्वत्र।।10।।

जीवन

जीवन में हो सरलता।
जीवन में हो तरलता।।1।।
कंटक मुक्त करे वो जीवन।
झंझट मुक्त करे वो जीवन।।2।।
रिश्तों से रस रिश्ता हो।
किश्तों से सुख दिश्ता हो।।3।।
नित नूतन उमंग साथ हो।
एक–एक के साथ–साथ हो।।4।।
लेना–लेना न हो जीवन।
लेना–देना साथ–साथ हो।।5।।
ईश्वर प्रदत्त है जीवन तब।
जीव दया भी साथ–साथ हो।।6।।
छाया–छाया न चलें हम।
धूप–छाँह भी साथ–साथ हो।।7।।
गरल पचाने वाला भी हो।
सुख दुःख भी साथ–साथ हो।।8।।
देना क्या है कल को अब।
परख भी ऐसी साथ–साथ हो।।9।।
नीति–नियम भी पालें नित।
पुण्यकर्म भी साथ–साथ हो।।10।।

मातृ दिवस

जीवन का अंकुर है माँ।
संस्कार और वर है माँ।।1।।
हर पल की छाया है माँ।
ईश्वर की माया है माँ।।2।।
मीठे जल की गागर है माँ।
रत्नों की सागर है माँ।।3।।

गुरु प्रथम है माँ।
सर्व समर्थ है माँ।।4।।
हर प्रश्न का उत्तर है माँ।
ईश्वर से उत्तम है माँ।।5।।
कमल पुष्प भी है माँ।
काली स्वरूप में है माँ।।6।।
अमृत बूँद भी है माँ।
ताल छन्द भी है माँ।।7।।
सारे नाते भी है माँ।
घर अहाते भी है माँ।।8।।
यज्ञ दान भी है माँ।
शुभ्र ज्ञान भी है माँ।।9।।
क्षमा मूर्ति भी है माँ।
क्षुधा पूर्ति भी है माँ।।10।।

लॉकडाउन से डरा कोरोना

चुपके–चुपके आने वाला।
लॉकडाउन से डरा कोरोना।।1।।
जनता कर्फ़्यू से शुरुआत।
लॉकडाउन से डरा कोरोना।।2।।
ताली–थाली से बढ़कर।
लॉकडाउन से डरा कोरोना।।3।।
दीप जलाये द्वारे–द्वारे।
लॉकडाउन से डरा कोरोना।।4।।
पैदल निकले जो मज़दूर।
लॉकडाउन से डरा कोरोना।।5।।
भोजन लंगर देख हमारे।
लॉकडाउन से डरा कोरोना।।6।।
सड़कों पर पड़ते जब डण्डे।
लॉकडाउन से डरा कोरोना।।7।।

घर–घर होती है चैकिंग।
लॉकडाउन से डरा कोरोना।।8।।
बचपन बच्चे डटे हुए हैं।
लॉकडाउन से डरा कोरोना।।9।।
चला चीन को वापस अब तो।
लॉकडाउन से डरा कोरोना।।10।।

निशा मुरलीधरन

आगे बढ़ो

काला–काला बादल गरजता,
अपनी ताक़त पर घमण्ड करता,
श्यामघन में सूरज ओझल हो जाता,
चारों ओर धुँधला फैलाता।
लेकिन फिर जब बरसता पानी,
काला मेघ हो जाता खाली,
सूर्य कनक–सा फिर से चमकता,
चारों ओर आलोक फैलाता।
इसी तरह जब महान लोग भी,
अपमानित हो जाते हैं,
दुगने बल से वापस आते,
दुनिया को सबक सिखाते।
मन्द हवा में बदलते तूफ़ानों को,
कोमल फूलों को भरते कँटीले मार्गों को।
पावक को शीतल नीर से बुझाते,
चुनौतियों को चीरकर आगे बढ़ते।
जब ज़िन्दगी कभी मुँह मोड़ लेती है हमसे,
और असफलताएँ जब डराती हैं हमें।
तब अश्रुओं से उसे न धोना,
अपनी मुस्कान से ओंठों को सजाना।
अपमानों को सीढ़ी बना दो,

क़दमों को आगे बढ़ा लो।
पर्वत की चोटी तक पहुँचो,
और वहाँ से दुनिया को देखो।
नहीं...नहीं...दुनिया की ईर्ष्या से भरी नयनों को, तुम्हें दिखाओ।

पहला-पहला प्यार है

प्यार आँखों से शुरू होकर दिल में दर्ज होता है
पर हमारा प्यार दिल की धड़कन से शुरू होकर आँखों में
छा जाने का था।
मैंने उसको नहीं देखा था, उसने भी नहीं देखा था मुझे
लेकिन उसकी हर हरकत, उसके दिल की हर धड़कन
मुझे महसूस हो रही थी
उस दिल की धड़कन से ही
मेरी ज़िन्दगी का हर पल महक रहा था
मन में तीव्र इच्छा थी उसे देखने की
उससे घण्टों तक बात करने की
उसकी आवाज़ सुनने की
उसकी मुस्कान देखने की
उसे जीभर प्यार करने की
लेकिन ईश्वर की घड़ी बहुत धीरे चलती थी
और उस निर्धारित पल के लिए हमें इन्तज़ार करना था
मेरे सपनों में वह रोज़ आता था
मेरे ख़्वाबों में सिर्फ़ उसका अनजान चेहरा था
मिलकर गाने सुने थे
मिलकर प्यार की बातें किये थे
मिलकर ज़िन्दगी के सपने देखे थे
हमारी मुलाक़ात के उस दिन के लिए हम दोनों तरस रहे थे।
वह दिन भी आया,
मुलाक़ात की वह घड़ी भी आयी

पर मेरी ख़ुशी तब दुःख में बदल गयी
जब उसके दिल की धड़कन हमेशा के लिए रुक गयी
डॉक्टर उस अविचल शरीर मुझे दिखाये थे
और मेरे रंगीन सपने वर्णशून्य हो गये थे
आख़िरकार नौ महीनों की प्रतीक्षा क्या इस शून्यता के लिए थी?
एक माँ और बेटे का प्यार उदय हुआ तो सिर्फ़ क्या डूबने के लिए था?
मेरी ज़िन्दगी का पहला प्यार अधूरा रह गया,
हमेशा–हमेशा के लिए अपूर्ण रह गया।
प्यार तो हमेशा होता है सच्चा,
नारी का पहला प्यार हमेशा होता है उसका बच्चा।
आज भी मेरे कर्ण उसके दिल की धड़कन सुन रहे हैं
मेरी आँखें उसे तारों के बीच में ढूँढ़ रही हैं
पर क्या वह कभी मुझे पहचान पायेगा?
इस माँ की ममता क्या उसके लोक तक पहुँच पायेगी?
अनुत्तरित प्रश्नों से मेरी ज़िन्दगी भर गयी है,
रुको, उसके दिल की धड़कन आज भी कहीं से सुनाई दे रही है।

माफ़ कर दो

मरने से पहले,
साँस रुकने से पहले,
अगर किसी से माफ़ी माँगना है तो,
वह सिर्फ़ तुमसे है,
सिर्फ़ तुमसे।
बहरे कान तुम्हारी बातें न सुन पाये,
अन्धी आँख तुम्हारी इच्छाएँ न देख पाई।
कभी न दे पाई अहमियत,
तुम्हारी अरमानों को।
कभी न कर पाई,

तुमसे इन्साफ़।
माफ़ कर पाओगे मुझे।
मेरा प्यारा मन,
क्या क्षमा कर पाओगे?
इस अबला को।

ओह! मेरा प्यारा मन।
मैं, कभी न समझ पाई तेरी धड़कनों को,
समझकर भी न कर पाई तुमसे इन्साफ़।
बचपन में माँ की ममता
और बाबा के अनुशासन के सामने झुकना पड़ा।
ओह मेरा मन, डर से तुम्हारी बातों को किसी से न कह पाया।
भाई आ गया तो उसकी इच्छाएँ बन गयीं मेरी,
उसकी शरारतों की सज़ा भी बन गयी मेरी।

समाज की आँखों के सामने, परिवार की प्रतिष्ठा के आगे,
रुलाना पड़ा तुझे बार–बार, और धुलाना पड़ा तुम्हारा प्यार।
आया जब यौवन
तब आ गया ज़िन्दगी में एक पूरा बदलाव,
नाम दिया गया उसे विवाह,
काश! अपनी पहचान, भूल जाने का दूसरा नाम है विवाह।
रंग–रूप, घर–मकान, गहने–पैसे सब पर हुई बात,
पर कोई न सुन पाये तुम्हारा विलाप।
जानवरों का भी मन होता है, मानती हूँ,
और नारी का मन कोई देखता नहीं, यह जानती हूँ।
सास–ससुर की आज्ञा के आगे,
मुझे त्याग करना पड़ा तुझे अभागे।
अपनी पहचान को ही खो दिया,
फिर तुम्हें कैसे याद करूँ पिया।
पति का मन जीतने की इच्छा से,

ओह मेरे मन, मैंने तुम्हें पूरा दफ़ना दिया।
बच्चे तो होते हैं भगवान के वरदान,
उनके लिए मैंने कर दिया तुम्हें कुरबान।
तुम्हारी अनुभूतियाँ जब पिघलकर अश्रु बने,
उसे भी छुपाना पड़ा इस माँ को अपनी होंठों की मुस्कान से।

क्या अपराध किया तुमने मेरा साथ देकर,
सिर्फ़ खो दिया है सर्वस्व मेरे साथ निभाकर।
सिर्फ़ दुःख भोगकर भी तुमने मेरा साथ न छोड़ा,
ओह मेरा मन, तुम्हें हर बार मैंने तोड़ा।
तुम्हें ज़िन्दा दफ़न करने के पाप से मुझे मुक्ति दिलाओ।
जान जब शरीर से निकल जायेगी,
शरीर के साथ जल जायेंगी तुम्हारी अधूरी आशाएँ।
दुनिया बोलेगी, अच्छी थी यह नारी,
लेकिन तुम क्या बोल पाओगे कि तुम से सच्ची थी यह नारी?
शरीर जल जायेगा और आत्मा निकल जायेगी,
लेकिन अधूरी इच्छाओं से तुम भटकती रह जाओगी,
नारी की पहचान उसके तन से होती है, मन से नहीं
तन से मन अलग हो जाने पर दुनिया उसका गुणगान करेगी,
तब उसका कान उसे न सुन पायेगा,
या न उसका मन उसे समझ पायेगा,
ऐ दुनिया...
मुर्दे को दिखायी जाने वाली मर्यादा,
ज़िन्दा नारी को दिखाने का कर दो इरादा।

सुरक्षित हाथों में हम

डरती नहीं वह कोरोना से
विनती करती है घर में रहने को सबसे।
जब सब सुरक्षित बैठे हैं अपने–अपने घरों में,

यह परी दिन–रात खड़ी है अपने पैरों पे।
सेवा की मूर्ति है वह,
ममता की मूर्ति भी वह।
डरती नहीं वह कोरोना से
विनती करती है घर में रहने को सबसे।
हम सबके अपनों को बचाने के लिए,
अपने अपनों को छोड़कर आयी है वह।
इस सेवाभाव को नमन करते हैं हम,
उनके हाथों में सुरक्षित होते हैं हम।
डरती नहीं वह कोरोना से
विनती करती है घर में रहने को सबसे।
कोविड से यह संसार मुक्त हो जायेगा,
आदमी अपने–अपने कार्यों में व्यस्त हो जायेगा।
कोरोना का नाम इतिहास में आयेगा,
इस परी का त्याग दुनिया कभी न भूल पायेगा।
डरती नहीं वह कोरोना से
विनती करती है घर में रहने को सबसे।

डी. जयभारती

सपना

कल रात हिन्दी को
मैंने सपने में देखा, उसके मुख पर छाया थी
गहरे दुख की रेखा इतनी ग़मगीन हो कैसे
अब तो हिन्दी दिवस आ गया
सम्मान तुमसे ही लेना है
हिन्दी बोली यही मेरी आँसुओं की दास्ताँ है
वर्ष में इक दिन मुझे मिला है
इसी दिन याद करते हैं, मेरी पूजा करते हैं
मैं अपने देश में परायी हूँ
मेरी सन्तान अभी तक मुझे न जाने
अपने देश के बच्चे अंग्रेज़ी का
यहाँ के लोग जापानी, जर्मनी, रूसी, सीखे
पर मुझे नज़रअन्दाज़ करें
पर मैं हूँ अनजानी बिल्कुल
हिन्दी की ये बात सुनी जब
सोचा माँ की पीर बँटा दूँ
जन–जन तक हिन्दी पहुँचा दूँ।

नारी का महत्त्व

हे नारी तू आसमान का तारा है

हे नारी तू भारत देश की गरिमा है
हे नारी तू सागर की देवी है
हे नारी तू शक्ति का संचार है
हे नारी तू मूर्ति और कीर्ति है
हे नारी तू दुनिया की चाँदनी और दामिनी है
तू ही छाया है, तू ही धूप है
तू ही माया है, तू ही ममता है
तू देवी, अपार करुणामयी, वरप्रसादिनी है

मैं एक नर्स हूँ

मैं एक नर्स हूँ
मुझे गर्व है मेरे नर्स होने पर
मैं सबकी ज़िन्दगी बचाती हूँ
यह मेरा काम ही नहीं
मेरी कला है मेरा भाग्य है और
मेरी पूजा है मैं मनुष्य के जीवन की
आरम्भ से अन्त तक
माँ बनकर रहती हूँ क्योंकि
मैं एक नर्स हूँ

बेटी

आओ बेटी! आओ बेटी!
खाओ रोटी! खाओ रोटी!
तू ही मेरी लालिमा!
तू ही मेरी नीलिमा!!
तू ही मेरी जान!
तू ही मेरी शान!!
तू ही मेरा तन, धन, मन है

तू ही तू, सबकी बेटी हिन्दी है
भारत माता के ललाट की बिन्दी है!

नारी एवं शिक्षा

मन, तन की जान है, नारी एवं शिक्षा
गाड़ी के दो पहियों के समान है, नारी एवं शिक्षा
आँखों की दो पलकों के समान है, नारी एवं शिक्षा
भारत की भाषा हिन्दी के समान है, नारी एवं शिक्षा
आसमान, धरती की शोभा के समान है, नारी एवं शिक्षा
नारी ही शिक्षा सम्मान है
शिक्षा से ही नारी को सम्मान
शिक्षा से गौरव है, सौरभ है
शिक्षा ही समाज का दर्पण है
नारी देश के लिए कल्याणकारी
नारी का जीवन,
मानव जीवन समाज व देश के लिए अर्पण, समर्पण

राज भाषा हिन्दी

सरल हिन्दी भाषा
मधुर हिन्दी भाषा
सुबोध हिन्दी भाषा
सरस हिन्दी भाषा
एक–एक शब्द अमृत के बोल
एक–एक वाक्य का न तोल
घर–घर इसका दीप जलायें
पलभर भी इसे न भुलायें
उत्तर से लेकर दक्षिण तक
पूरब से लेकर पश्चिम तक

सुनें हिन्दी की पुकार
कीर्ति का जय–जयकार
इसने रूप दिया तुलसी
इसी ने श्रृंगार किया कबीर
सजाया अमीर ने
सिन्दूर भरा प्रसाद
सभी भाषाओं की जननी संस्कृत
तमिल अति प्राचीन भाषा
तमिल के 5000 शब्द पाकर
हिन्दी का शब्द ज्ञान हुआ विस्तार
सभी देवनागरी सीखें
दक्षिण की भाषाओं को हिन्दी वाले सीखें
उत्तर व दक्षिण के बीच क़ौमी एकता का उदाहरण बनें।

महिला दिवस

महिला दिवस, महिला दिवस
मनाने को आया ख़ुशियों का दिवस
मन के साथ मिलजुल के रहने का दिवस
ममता को दिखाने का महापवित्र दिवस
माँ के प्यार को सभी के जानने का दिवस
मान देने का बहुमूल्य दिवस
महिला की महिमा की तारीफ़ करने का दिवस
मज़े के साथ मनाने का महिला दिवस
महत्त्वपूर्ण है, यह महिला दिवस
शक्ति का संचार है महिला दिवस
भक्ति का साकार है महिला दिवस
मुक्ति का परमार है महिला दिवस
त्याग, बलिदान, अनुराग, माया और ममता से भरपूर
है यह महिला दिवस

रजनी एस.

ये जीवन

प्रेम भरे सुन्दर जीवन में
मत पालो संकीर्णता मन में
दृष्टि रखो विहंगम जैसी
रहे बहार इस तन–मन में

है हर कोई ख़ुद से डरा हुआ
दिलों में बहाओ प्रेम सुधा
नफ़रत की दीवारें जायें बिखर
करो इबादतों में यही दुआ

हैं रिश्ते बनते रेत सरीखे
इन्सानियत के हो गये बन्द दरीचे
जन्नत बन जायेगी वसुधा
गर सीख ले इन्सान जीने के तरीक़े

मंज़िल

इरादे हों प्रबल यदि और भावना नेक
मिलेगी मंज़िल व ख़ुशियाँ अतिरेक
न लगेगी ठोकर अँधेरी राहों में कभी
होगा हृदय में सफलता का अभिषेक

पावन होगी जब लहर इस धड़कन की
लग ही जायेगी पार कश्ती ये मन की
सहर की हर शबनम में साँस लेती हुई
जीत की हवाओं में महक होगी सावन की

जैसे बादलों में छुपते हुए चाँद की मंज़िल
मेघों के आगोश में लिपटा वो बोझिल
तरसता रहता है अपनी चाँदनी में भीगा
लिए मन में मदमस्त नज़ारे स्नेहिल

अंगारे

विष के फूल पिरोती दुनिया
अंगारों पे सोती दुनिया
आँखों में निष्ठुरता भर के
बीज नफ़रत का बोती दुनिया

संस्कारों का पतन हो रहा
आस्था का क्यों न दमन हो रहा
भारी मन में आस सँजोये
घनघोर घटाओं–सी ये दुनिया
आँखों में निष्ठुरता भर के
बीज नफ़रत का बोती दुनिया

साथ उनके ही चलती बहार
जिनकी फ़ितरत में हो प्यार
दिल के घर में दर्द का सामान
उठाये फिरती नादान ये दुनिया
आँखों में निष्ठुरता भर के

बीज नफ़रत का बोती दुनिया
विष के फूल पिरोती दुनिया
अंगारों पे सोती दुनिया

प्रीत की डोरी

प्यासी पवन चंचल, चितचोरी
धड़कन में घुँघरू की जोरी
इस दिल में कोहराम मचा है
बँध गयी जो नैनन प्रीत की डोरी
रंग भरे सुमनों में विचरता
प्रेम–भ्रमर अनुपम, अलबेला
कर मधुपान स्नेह का अविरल
बन जाता अनुराग–प्रणेता
बाँह थाम प्रियतम की अपने
खिली धूप, मधु–रागिनी भरने
मानो शिशिर ऋतु की शीतलता में
चला हो दिनकर चाँद को हरने
नज़ारे अप्रतिम, अनुपम, चितचोर
नभ में धूप की
नयनाभिराम आभा, कनक–सी शोभित
इठलाती प्रेम घटा घनघोर

प्रेम गान

कल्पना के परिन्दों की जब होती शाश्वत उड़ान है
प्रेम के सितारों में सज जाते मधुर स्वप्न गान हैं
मस्तानी पुरवाई सर्वत्र, झूमती गाती हुई चलती
प्रेम–पुष्पों के उपवन में जब खिल जाती मुस्कान है

हाथ पसारे खड़े हुए हैं, प्रभु से प्रेम का वरदान लेने
आकाश, धरा के नज़ारे भी भावों का अनुदान लेने
वर्षा की हर बूँद से, आह्लादित होती धड़कनों में
मचल उठती है हर शय, उसके चरणों में स्थान लेने

कविता का घूँघट, जब उठता कर देता विचलित
धूप यादों की तरसाती, बहता समीर कर देता मोहित
हर्षाता लहराता मनवा, रवि–किरन सहलाता जाता
काव्यपुष्प, भावों से सींच, प्रेम काव्य कर देता सुरभित

शिवालिका कुशवाहा

सागर

समझ रेतीला तट सदृश
चलती रही मैं अनवरत,
छोड़ पैरों के निशा यूँ ही
सोचा सबक सीखूँ कुछ ज़रा...
इन बलखाती, उठती, गिरती
अठखेलियाँ करती लहरों से!
जिन्हें देख छई–छप–छई
करने उमड़ उठते हैं बच्चे और वयस्क!
मिलकर पूछना चाहती हूँ
कैसे हँसती रहती हो तुम?
तुम तो इन्सान नहीं?
फिर विवशता या दिखावे का
सवाल ही नहीं!
तुम तो...समन्दर हो!
विशाल...समन्दर!
जब चाहें विकराल रूप धर लील लो,
फिर कैसे सहते हो अलग–अलग़ लोगों की
अलग–अलग ज़्यादतियाँ?
बोलो...?
किसी ने एक बाण चला सोख लिया जल!
कभी कोई जो स्वयं भगवान था

तुमसे करबद्ध विनय करा तुम पर ही पुल बना डाला!
किन्तु एक बात बताओ?
तुमने गौर किया या नहीं?
पर मुझे जानना है!
जिस सीता हेतु
तुमसे अनुनय–विनय की
क्या हुआ उस सीता का?
लक्ष्मण जैसा भाई सब चाहते हैं!
राम भी हैं इस धरती पर
कभी पुत्र कभी पति रूप में!
पर सीता कहाँ है??
है...!! अच्छा??
कहाँ है...???
बताओ जो मिला हो?
देखा हो उसे?
जिसने कहा–हमारी कन्या...
हमारी कन्या तो सीता है,
उसकी बेटी–बहू रूप में सीता नहीं!
जो चाहता है बहू सिया हो
वह सन्तुष्ट नहीं!
तो आख़िर कहाँ है वह सीता?
जिसके लिए तुमने अपनी छाती पर
असंख्य पत्थरों का भार सहा?
आज सब हैं, तुम भी हो,
अपने उसी अद्‌भुत रूप में
जिसे देख दहल जाता था न–न...दहल जाता है ह्रदय!
तुम्हारी न विवशता है न कमज़ोरी,
फिर क्यूँ समा रहे हो
हम इन्सानों के कचरे स्वरूपी
स्वार्थी प्रेम को?

आज का राम धनुर्धारी नहीं
तुम स्वतन्त्र हो सागर!
तुमसे विशालता और
धैर्यता उधार ले जा रही हूँ!
पर कुछ गिरवी नहीं रखूँगी!
यहाँ तक कि, वादा करो!
कभी अपनी धैर्यता माँगोगे नहीं!
तुम सा, बनना नहीं है मुझे!
बस गुज़ारा करना है
इस मायावी, अद्भुत धरा पर!
चलती हूँ...
हवा...आ रही है,
मेरे निशानों को मिटाती हुई
ताकि कोई जान न पाये
हम मिले थे...!!

लॉकडाउन

सुना है आजकल मुहल्ले वाले भी
एक–दूजे का हाल–चाल
घर बैठे फ़ोन से लेने लगे हैं,
जो आमने–सामने होते हुए भी
कभी–कभार मिलते थे!

दूध वाली गाड़ी आयी क्या
निशा की मम्मी?
आये तो हमें भी बताना–
कह फ़ोन पर दो–चार बार मिलने लगे हैं!
अरे कोई तो कह रहा था
आजकल चुगली भी टू–जी हो गयी है!

मिसेज वर्मा तो उतनी बैठे–बैठे
पकौड़े, पूरियाँ, पुए खा के नहीं त्रस्त
जितनी इस बात से दुखी हैं कि
फलाँ की बहू कैसे होगी आख़िर?
बेचारी पीहू की दादी,
अरे वही...सुमन की मम्मी
कैसे रह रही होंगी घर में?
एक सेकेंड भी वो घर में रहें तो पतोहू–रूपी मिरगी चढ़ जाती है!
कोई दवा–दुआ, सूई काम नहीं आती!
कितना भी बहू सिर–पाँव दबा ले,
तालू में तेल लगा ले,
कोई समाधान ही नहीं
इस अपच भोजन का!
कहती हैं–बस दुई घण्टा हमें
हमारी सखी के घर जाने दो!
हम कहते हैं कि हम ठीक हो जायेंगे!

बच्चे परेशान! पोते–पोती दादी की
बदहवास हालत देख हैरान!
क्या है अम्मा ये?
दुनिया घर में क़ैद है
और आप बचकानी बातें कर रही हैं?
हम नहीं रह सकते और कुछ?
अम्म...अम्मा जी चाय बनाऊँ या काढ़ा? चुप्प, चुप हो जा!
अरे तू ...तू! जा कहीं मैं कुछ बोल न पड़ूँ
इस वक़्त इसको...!
कुछ कहा माँ?
नहीं! इसीलिए तो बोल रही हूँ मुझे मेरी पार्वती के घर जाने दे!
ज़रा देखूँ उसने सब इन्तज़ाम रखा है क्या?
इन्तज़ाम या लगाम?

इन्तज़ाम! हुक्के पानी का!
क्या हुआ भोला की अम्मा?
कुछ नहीं जी! ज़रा बगल गली में
सोनू के घर जाना था!
सब तैयार है मुस्टंडों की तरह,
आख़िर क्यूँ जाना?
लॉकडाउन है! तुमको नहीं पता?
अरे तो क्या इस लॉकडाउन में
मैं ऐसे ही घर बैठे–बैठे जान दे दूँ?
अजी हालत देख रहे हो मेरी?
याद रखना मेरी जान कोरोना से नहीं,
तुम लोगों की लापरवाही से ही जायेगी!
हाँ नहीं तो!
माँ...जी?
रहने दे बहू! खाना परोस ख़ुद आ जायेगी।

तरकारियाँ

आज मेरे घर
भिण्डी, परवल, लौकी, बैंगन आदि
आपस में झगड़ बैठे!
हाँ! आश्चर्य तो मुझे भी हुआ कि
क्यूँ और कैसी ढिशुम–ढिशुम की
आवाज़ फ्रिज से आ रही है भला?
खोल के देखा तो ये मुझ पर ही टूट पड़ीं!
बैंगन का चोखा तो पसन्द है तुम्हें?
भिण्डी–मुझे तो तुम कई
तरीक़ों की बनाती हो!
परवल का अलग शोर कि
ऊटी, शिवकाशी में तुम

मेरे न मिलने की शिकायत
बहुत दूर तक करती थीं!
मेरा आयात तक करवाती थीं,
अब क्या मन भर गया?
लौकी अलग झुँझला उठी!
अरे सब्ज़ी नहीं बना सकतीं
तो हलवा ही बना लेतीं!
मीठा के लिए जान दिये फिरती हो,
तीन दिनों से हमारी ज़रूरत ही नहीं!
बस आलू को ही भाव दे रही हो?
हम सब देख रहे हैं!
हमारी तो क़दर ही नहीं!
चलो बहनो! सड़ने से तो अच्छा
हम कहीं और चलें!

मैं क्या बोलूँ इन्हें और क्या ना?
चुप–सी आ बैठ गयी एक कोने!
शायद मुझे थोड़ा मायूस–सा देख
सकुचाते हुए प्याज़ ने कहा–

आलू तो वो अपने बड़े बेटे
'पार्थ' के लिए बना रही है!
तुम सब बेवजह झगड़ रहे हो!
वो तुम सबको उतना ही प्यार करती है,
जितना उस ख़ास से,
जिसके लिए हर दिन, हर टाइम
कुछ अच्छा, कुछ नया,
कुछ अलग–सा स्वाद लिए
बनाने की जी तोड़ कोशिश करती है!
सुनो! इसकी रौनक अभी थोड़ी कम–सी है!

पर पूरी होते ही तुम लोग फिर से
इसके किचन में
उतने ही प्यार से पकने लगोगे!
ये वादा है मेरा...!

बदलता बचपन

आजकल के बच्चे स्मार्ट हैं!
स्मार्ट हैं? नहीं, नहीं!...
बल्कि यह कहिए कि सम्राट हैं!
मम्मा–पापा के साथ–साथ
दो–चार और हाथ लगे हैं
इनकी तीमारदारी में!

जहाँ अपने बचपन में हम
पदयात्रा कर स्कूल जाते थे,
वहीं आज ये ऑटो रिक्शा, बस,
बस ही नहीं पर्सनल व्हीकल से जा रहे हैं!
निश्चित ही समय का फेर है।

कभी हम फटे जूतों संग
इस वादे से भेजे जाते थे कि
अरे हमार राजा बाबू जा...
आज शाम नयी दिला देंगे!
आज का आलम यह है कि–
इनकी थोड़ी–सी लेस साइड में हो जाये
तो तुरन्त फ़रमान जारी
मम्मा आ...इसको सही करो!
सही से अर्थ है कि–सेंटर में करो!
हमारी तो दो चोटी
उस पर माँ की हिदायत

इधर देख! उधर देख!
सही से बैठा नहीं जाता तुमसे!
यहाँ हाथ रखो!
ऐसे...!
इतनी मेहनत से पूरने में भी
तिरछी हो जाये,
तो भी जबरन मुस्कुरा के कहते
अच्छी बनी है।
बाल चिपके पड़े हैं
तेलानी महाराज की तरह!
गर आँधी भी आ जाये
तो बाल का बाँका न हो!
माँ धमका के भी भेजे,
आ! आज देखती हूँ तुझे!
हाथ हिल रहे ख़ुशी–ख़ुशी!
टा... टा... टा... टा... टा...!

पराँठा संग आलू भुजिया
हमारे हर दूसरे दिन का टिफ़िन रहता!
आजकल तो मेनू डिसाइडेड है!
मंडे आलू पराँठा; ट्यूज़डे डोसा;
वेनसडे गुलगुले; थर्सडे आलू–पूरी;
मम्मा! फ्राइडे अगेन डोसा
आज सैटरडे है?
आज स्कूल नहीं जाना?
ओके! यम्मी–यम्मी इडली–सांभर!
आज संडे है! मम्मा! मैगी प्लीज़!
हमको मैगी खानी है!
एक हमारा भी ज़माना था
मैगी की यूँ दीवानगी न थी!

स्कूल तो हम जाना ही नहीं चाहते थे!
तरह–तरह के बहाने होते!
मास्टर साहब ने गर
पहाड़े पूछने को कह दिये हों, तब तो
जड़इया से ले, पेट गड़ना तक शुरू!
मज़ा तो बरसात के मौसम का था!
बारिश की कुछ बूँदें गिरी नहीं कि,
हमारी दुआ–प्रार्थना शुरू!
हे... भगवान! हे... करनिधान!
और तेज़, ख़ूब तेज़, कचर के बारिश हो!
और ध्यान रहे कि तब तक न रुके
जब तक पहली घण्टी बीत न जाये!
छतरी के साथ स्कूल जाने का तो
सवाल ही नहीं होता!
एक अकेली छतरी से कौन–कौन जायेगा?
रेनकोट क्या होता है तब पता ही नहीं था!
कोई प्लास्टिक ओढ़, बैग बचाते भागता,
तो वहीं कोई हज़ारों काम की
प्रिज़्म, ए.सी.सी. सीमेंट वाली बोरी!
इतनी मेहनत का फल
तब अच्छा और सुखद लगता,
जब मास्टर साहब
बड़े ही ग़मगीन हो यह कहते कि
पाँच–छह लोगों में अब क्या पढ़ाई होगी?
जाओ, घर जाओ!
कल आना...!

रेखा कुमारी (चौहान)

नारी

नारी को कितने किरदार निभाने पड़ते हैं,
हर रिश्ते में विश्वास बनाने पड़ते हैं।
अपने हर अभिनय को बहुत सहजता से निभाना पड़ता है,
कभी लघु तो कहीं विशाल रूप दिखाना पड़ता है।
नारी होती, त्याग की मूरत और करुणा का भण्डार,
है वो मानवता का गौरव, हर घर में पूजी जाती है
किसी की आँखों का सपना अपनी आँखों में सजाती है,
चुन उनकी राहों के काँटे, फूलों का मार्ग बनाती है,
सिर्फ़ बदला है वक़्त, पर समाज की सोच
अभी भी उन पर भारी है
नारी के हालात वही हैं, आज भी कहीं उत्पीड़ित नारी है,
जननी है वो जग की, पर गर्भ में मारी जाती है
सूरज–सा है तेज और चाँद–सी शीतलता,
ख़ुद पर कर गर्व, आगे ही बढ़ती जाती हूँ,
न रुकती न थमती बस आगे ही बढ़ती जाती हूँ।
मैं नारी शक्ति कहलाती हूँ।।

सपने

हर किसी के होते हैं कुछ सपने,
सबकी आँखों में बसते हैं सपने।

रोशनी से तेज़, हवा से जल्दी,
आँखों में आ जाते हैं सपने।
न हीं ऊँच देखते, न नीच देखते हैं,
न सपने जाति भेद देखते हैं।
कुछ हँसा तो कुछ रुला देते हैं,
तो कुछ खट्टी–मीठी यादों के साथ जोड़े जाते हैं
सपने, उम्र के हर पड़ाव पर बदलते हैं सपने।
सपनों का अपनों से रिश्ता है गहरा,
कुछ अपने तो कुछ अपनों के लिए आते हैं सपने,
जहाँ हो सपनों पर भी पहरा, वहाँ भी पहुँच जाते हैं सपने।
किसी के पूरे किसी के अधूरे तो किसी के टूट जाते हैं सपने,
जो टूटे उसे पूरा करने का हौसला भी दे जाते हैं सपने।।

माँ की पुकार

कहते सब हैं मुझको माता,
वात्सल्य प्रेम से सभी प्राणियों का मुझसे नाता।
मैंने तो बस सब में जीवन का संचार किया,
पर क्यों तेरी व्यर्थ की लालसा ने मेरा संहार किया।
धरा, जल, वायु, अग्नि और आकाश,
मेरे सभी अंगों ने पूरी निष्ठा प्रेम से सदा तुम्हारा विकास किया,
पर तेरी अतिभोगी इच्छा ने सदा उन्हें निराश किया।
चक्रवात, सुनामी, सूखा या भूकम्प, इसमें नहीं कोई
तेरी माँ का रोष
कर अपनी माँ का सीना छलनी, कर अति उत्पात
उसका है सारा दोष।
आज मैं हूँ दूषित, अंगों में मेरे हो चला विकार,
अब तो कर रही है ये माँ अपनों से यही गुहार।
अपनी अनन्त इच्छा को थोड़ा–सा संकुचित करो,
थोड़ा–सा लोभ त्याग, अपनी आने वाली पीढ़ी को हर्षित करो।

करुणामयी माँ की सुन यही पुकार,
माँ थी, माँ हूँ, माँ रहूँगी, हर बार करूँगी फिर तेरा उद्धार।

एक सैनिक

हाँ मैं हूँ एक सैनिक,
गर्व है मुझको कि मैं भारत माँ का रखवाला हूँ।
भारत माँ की ख़ातिर मैंने ख़ाकी को तन पर सजाया,
कितने भी मौसम आये पर मेरे क़दमों ने,
न थमना न रुकना सीखा है, कड़कड़ाती सर्द रातें हों या
जेठ की भरी दुपहरी, या हो त्योहारों का मौसम
पर प्रश्न हो जब सुरक्षा का, मैंने हटना न सीखा है,
निकलता हूँ जब रोज़ घर से, नहीं पता वापस लौट पाऊँगा,
पर कर वतन के दुश्मन को ख़ाक, तिरंगे में लिपट जाऊँगा।
मैं सैनिक हूँ और मुझे गर्व है कि मैं भारत माँ का रखवाला हूँ।

रेखा रमाकान्त वर्मा

कविता...'कुछ ऐसा मैंने देखा है'

सिन्दूरी सूरज की किरणों को,
झरझर कर बहते झरनों को,
मन्द–सुगन्धित पन्नों को
नव–जीवन, उत्साह जगाते देखा है
कुछ ऐसा मैंने देखा है–कुछ ऐसा मैंने देखा है–
सुरभित फूलों की क्यारी में,
खेतों में फैली हरियाली में,
जहाँ नीड़ बने उस डाली में,
नव जीवन पुष्पित पल्लवित होते देखा है
कुछ ऐसा मैंने देखा है–कुछ ऐसा मैंने देखा है–
चन्दा मामा की लोरियों में,
दूध की भरी कटोरियों में,
बाँह के झूलों की हिलोरियों में,
सपनों को सच बनाने की पुरज़ोरियों में,
एक माँ को, भविष्य के सुन्दर सेहरे की,
कलियाँ सजाते देखा है,
कुछ ऐसा मैंने देखा है–कुछ ऐसा मैंने देखा है–
झुर्रियों के घेरों में, सदियों के फेरों में,
ग़म छुपाती, मुस्कान लिए चेहरों में,
गुलिस्ताँ हो या कि सेहरों में,
एक इन्तज़ार पुराना देखा है,

कुछ ऐसा मैंने देखा है–कुछ ऐसा मैंने देखा है–
हर दिन की भागा–दौड़ी में,
जीवन मूल्य बदला कौड़ी में,
आगे बढ़ने की होड़ा–होड़ी में,
रिश्तों की ढीली पड़ती डोरी में,
संवेदनाहीन, विचारशून्य, सभ्य मानव को,
फिर से बर्बर होते देखा है,
कुछ ऐसा मैंने देखा–कुछ ऐसा मैंने देखा है–
शीश पर कफ़न बाँधे रणवीरों में,
कभी चमकती, कभी खड़कती,
हार–जीत की शमशीरों में,
वतन पर प्राणोत्सर्ग करते अधीरों में,
देश पर मर–मिटने का, तिरंगे से लिपटने का,
एक बार नहीं सौ बार ये जज़्बा देखा है
कुछ ऐसा मैंने देखा है–कुछ ऐसा मैंने देखा है–
उन्नति विकास, नित नयी प्रगति हो,
रहे न कहीं अभाव, चहुँ ओर समृद्धि हो,
शिक्षा, नैतिकता, मानवीय मूल्यों में वृद्धि हो,
देश मेरा सोने की चिड़िया बन दमके, ऐसी श्रीवृद्धि हो,
मीठी तान वो राँझे वाली, खेतों में झूमे हरियाली,
बस सब ओर हो ख़ुशहाली, एक सपना मैंने देखा है
कुछ ऐसा मैंने देखा है–कुछ ऐसा मैंने देखा है–

स्वच्छ भारत अभियान

देश को स्वच्छ बनाने का, चला है एक अभियान
बापू का था स्वप्न अविचल, स्वच्छ भारत अभियान
तन्मयता से सभी जुटे हैं, करना चाहते हैं सब काम
देश स्वच्छ, निर्मल हो, बने विश्व की शान
ये है स्वच्छ भारत अभियान...

साफ़ होते गली–मोहल्ले, बस्ती और नगर
गाँव–गाँव जुड़ा है इससे और जुड़े हैं शहर
आठों याम और चारों प्रहर सूझे एक ही काम
ये है स्वच्छ भारत अभियान...
देश की छवि निर्मल हो कैसे, उपाय बतलाये जाते हैं
देश को स्वच्छ बनाने को, लोग सभी जुट जाते हैं
क्या नेता, क्या अभिनेता, जुड़ा है हर ख़ास–ओ–आम
ये है स्वच्छ भारत अभियान...
निश्चय ही जुटे रहे, तो देश की तस्वीर बदलेगी
विमल छवि है भारत की, ये देख के दुनिया बोलेगी
जुड़े रहो सब एक लगन से करो न तुम विश्राम
ये है स्वच्छ भारत अभियान...
इस अभियान से जुड़े सब, एक पल करें विचार
महज़ ऊपरी सफ़ाई से, क्या होगा सपना साकार?
देश तभी स्वच्छ होता है, जब अशिक्षा, ग़रीबी मिटाई जाती है
अन्याय, अधर्म और भ्रष्टाचार की, गहरी जड़ें काटी जाती हैं
भूख की तपती भट्ठी में, रोटी डाली जाती है
तरक़्क़ी की हिस्सेदारी, अन्तिम आदमी तक पहुँचाई जाती है
देश कुछ विकसित हो ऐसे, जिस पर जन–जन को हो मान
ये है स्वच्छ भारत अभियान...

नीलावती मेघाणी

सुमन

सुहावने मौसम में सुन्दर उपवन में
खिलता है यह सुगन्धित सुमन
सम्पूर्ण चमन को
बदलकर कर देता है रंगीन
कभी रहना पड़ता है
इसे कीचड़ के बीच
कभी सहना पड़ता है
इसे काँटों के बीच
मुग्ध करता है, मोह लेता है
सबके मन
प्रसन्न होकर प्यार दिखाता है
यह प्रसून माला बनकर चढ़ता है
भगवान के सिर पर
तोरण बनकर लटकता है
घर के द्वार पर
जब यह दिखाता है अपना अनुराग
भर ले जाता है भौंरा
इसका पराग
सदैव रहती है इसके चेहरे पर
सहज मुस्कान
शहीद होकर कर देता है
शहद का दान

अगर मैं तुम्हारी सेलफ़ोन होती तो

अगर मैं तुम्हारी सेलफ़ोन होती तो
मेरी आवाज़ सुनते ही तुम प्यार से मुझे उठाते
मैं तुम्हारे कान और गालों को सहलाते हुए
होंठों तक पहुँचती
कभी ठण्डी हवा का स्पर्श
कभी गरम आह
सन्देश मिलने की ख़बर पहुँचाते ही
नवजात शिशु जैसे
दोनों हाथों में मुझे उठाते
कभी गम्भीर मुद्रा में
कभी हल्की मुस्कान से
कभी हँसते हुए उँगलियों से सहलाकर
अपने मनोभावों को व्यक्त करते
मैं भी सन्देशवाहक बनकर
ख़बर पहुँचाती
कभी तुम्हारी जेब में
कभी तुम्हारी थैली में
कभी देर तक हथेली में
रहने का सौभाग्य मिलता
जगह–जगह तेरे साथ आती
आवश्यकता पड़ने पर बात करती
परिस्थितिवश कभी–कभी चुप रहना पड़ता
फिर भी मैं साथ ही रहती

विदा होते हुए छात्रों से

उमंग भरी आपकी आँखों में
जोश भरी आपकी बातों में
प्यार भरी उन यादों में भूल जाती हूँ स्वयं को मैं

गपशप के वे यादगार लम्हे
नटखटपन की मीठी यादें
ख़ुशियों से भरा वह बीता कल
मस्ती से भरे वे अनमोल पल
कब देख पाऊँगी आगे...

यह तो ज़िन्दगी का मोड़ है
क़दम–क़दम पर होड़ है
लम्बे समय तक सफ़र कर
पहुँच जाओगे अपने शिखर पर, जीत आपकी ही है

हर कक्षा को यादगार बनाना
न है मेरी दक्षता
पर है आपकी क्षमता
आपके साथ हर क्षण
अनुभव नहीं अनुभूति है!
शुभकामनाएँ मेरे प्यारे बच्चो!!

मैं अकेली घूमने का आनन्द लेती

जब मैं निकलती हूँ घर से बाहर
उल्लास की लहरें उठती हैं अन्दर
उमंग से भरे इस भ्रमण में
उड़ती हूँ मैं ऊँचे गगन में
सुध–बुध खोकर चलती–फिरती
मैं अकेली घूमने का आनन्द लेती

कोयल की कूक सुनकर पुलकित होती
कलकल नदी की आवाज़ से हर्षित होती
खेत की हरियाली से अचम्भित होती है
खेचर के कलरव से विस्मृत होती
मैं अकेली घूमने का आनन्द लेती

लगता है सूरज भी मेरे लिए उगता है
लगता है चाँद भी मेरे लिए चमकता है
लहरों के बीच में उछलती–कूदती
लहराती डालों को पकड़ कर झूमती
मैं अकेली घूमने का आनन्द लेती

अद्भुत सृष्टि है नारी

करुणा की मूर्ति है नारी
परिवार की कीर्ति है नारी
सहानुभूति दिखाती है नारी
सहिष्णुता भी सिखाती है नारी
अद्भुत सृष्टि है नारी

संसार की शान है नारी
समाज की आन है नारी
भारत माता भी नारी
भागीरथी भी नारी
अद्भुत सृष्टि है नारी
आग की चिनगारी भी नारी
अग्नि का प्रकोप भी नारी
बारिश की बूँदें भी नारी
बाढ़ का प्रचण्ड भी नारी
अद्भुत सृष्टि है नारी

दामिनी का प्रकाश भी नारी
यामिनी का अन्धकार भी नारी
घर की आभा है नारी
देश की शोभा है नारी, अद्भुत सृष्टि है नारी

के. पद्मिनी

शान्ति

मैंने सोचा
क्या है शान्ति? कहाँ है शान्ति?
गाता है भ्रमर सदा गाना
झरझर करता है सदा झरना
गरजता है बादल
बरसता है जल

मैंने सोचा
क्या है शान्ति? कहाँ है शान्ति?
घर पर आयी भाभी
लेकर प्यारी भतीजी
कुछ देर हँसती, कुछ देर रोती
कभी न रही शान्ति
क्या है उसका नाम पूछा
रख लो तुम कहा भाई
मैंने अब सोचा
आत्मा ही है शान्ति, आत्मा में है शान्ति
हँस कर मैंने रखा
उसका नाम शान्ति।

नयी क़लम

चुप चुप लेकर जाती
नयी क़लम को पोती
लिखती लिखती
ढेर सारे लिखती
काग़ज़ पर नहीं
नयी बनी हुई
दीवार पर।

प्रेम-पत्र

मेरे प्रिय प्रेमी
लिखना चाहती हूँ ढेर सारी बातें
पर
लिख न पाती एक तिनका अक्षर।
क्यों...समझ न पाती?
क्या पत्र के द्वार से
बाहर निकलने वाला है प्रेम?
नहीं... आँखों में फँसकर
मन पर लिपट कर
साँस में व्याप्त वाला है प्रेम
इसलिए, मेरे प्रिय प्रेमी
लिखना चाहती हूँ ढेर सारी बातें
पर
लिख न पाती एक तिनका अक्षर
आपकी प्रेयसी
पद्‌मिनी

नदी

पहाड़ पर बरसाती हूँ

झरना बनकर गिरती हूँ
हरी–भरी धरती करती हूँ
समतल पर बहती हूँ
जीव–जन्तुओं से मिलती हूँ
धीरे–धीरे विदा लेती हूँ
सागर में डूबती हूँ
ढेर सारी सम्पत्ति।

लॉकडाउन

अनजान महामारी
आने का कारण
इधर न जाकर, उधर न जाकर
ईश्वर से प्रार्थना कर
उलझन से रहकर
ऊब होते बैठकर
ऋषि की तरह जीकर
एकता का बल महसूस कर
ऐतिहासिक घटना बनकर
ओजोन परत बचाकर
और घर का खाना खाकर
अन्धे होते दौड़ना छोड़कर
अःहःहः मन मोह हँसकर
सबको घर में रखा है
महामारी का यह लॉकडाउन।

गुड़िया चौधरी

तपिश

जीवन की अग्नि, मन की तपिश को
कुछ यूँ बढ़ाती हैं,
जलाती हैं परिस्थितियाँ
और, औरों के ताने
सहस, सहज और सजग हो जाती हूँ
अपनी व्यथा मन में दबाये।
मौन बनी सब देखती हूँ,
यथार्थ की कलाएँ,
सोचती हूँ, कहाँ से लाऊँ कल्पनाएँ।
जीवन की अग्नि, मन की तपिश...
किसे अघाऊँ, कैसे पुराऊँ
अपनी अभिलाषाएँ किसे बताऊँ।
किस कोने में सिसकियों को छुपाऊँ,
दर्दे हाल किसे सुनाऊँ।
जीवन की अग्नि, मन की तपिश को
कुछ यूँ बढ़ाती हैं...

सुन्दरता की ख़ोज

सुन्दरता को सबने महलों में देखा,
भव्य मन्दिरों में देखा,

खेतों में देखा, खलिहानों में देखा!
पर नहीं देखा उन गलियों में
जहाँ बच्चे मिट्टी से सने हुए हैं,
दो टुकड़े रोटी के लिए तड़पे हुए हैं!
सुन्दरता को सबने मस्जिदों में देखा,
गुरुद्वारों में देखा,
पर नहीं देखा उन चेहरों में,
जहाँ मायूसी और बेबसी छाई हुई है,
बेरोज़गारी समाई हुई है!
सुन्दरता को सबने महलों में देखा,
सुन्दरता को सबने,
ऊँची–ऊँची इमारतों में देखा,
पर नहीं देखा उन झोंपड़ियों में
जहाँ मज़दूर वर्ग पिस रहे हैं
अपने अस्तित्व के लिए,
स्वयं अपने आप से ही लड़ रहे हैं!
सुन्दरता को सबने देखा,
अपने आप में,
पर नहीं देखा दूसरों में
जहाँ सबकी आँखें मुरझाई हुई हैं
ज़िन्दगी की एक आस में!

इन्सान और इन्सानियत

तमाम उम्र गुज़र जाती है, एक घर बनाने में
पलभर में बस्तियाँ, जला देते हैं कुछ लोग!
जाने वे कैसे हैं इन्सानियत को भुला देते हैं
मारने और मिटाने लगते हैं,
लाखों लोगों को तबाह और बर्बाद करते हैं!
अपने जज़्बातों को पूरा करने के लिए,

इन्सानियत का करते हैं ख़ून,
लहूलुहान करके देते हैं दिल को सकून
क्यों भूल जाते हैं अपनी पहचान
ख़ुद को खाते हैं इन्सान!
तमाम उम्र गुज़र जाती है, एक परिवार बनाने में
पलभर में ख़ुशियों को,
मिटा देते हैं कुछ लोग!
हादसे–दर–हादसे दोहराते हैं,
और भूल जाते हैं कुछ लोग!
कोई तो ऐसा हो जो उन्हें
झकझोरे और इन्सानियत की परिभाषा बताये!
कोई तो ऐसा हो जो उन्हें
कहे, एक घर, एक परिवार बनाकर दिखाओ,
ख़ुद को कहते हो इन्सान इन्सानियत निभाकर दिखाओ!

आधुनिकता

इस आधुनिकता की होड़ में, जैसे जीने की वजह ही खो गयी है!
ज़िन्दगी बस चन्द प्रतियोगिताओं की
मोहताज बनकर रह गयी है!
पहले क्या थी ज़िन्दगी,
अब क्या से क्या हो गयी ज़िन्दगी!
इस आधुनिकता ने बदल दिये हैं
मायने ज़िन्दगी के!
चारों तरफ़ दिखते आईने, ज़िन्दगी सँवारने के!
ज़िन्दगी में जो बनाया अपना मुक़ाम,
उसे भी कर दिया आधुनिकता के नाम
इस आधुनिकता के, चक्रव्यूह में फँसा इन्सान
बस आधुनिक बनकर रह गया इन्सान!

मुफ़लिसी

शायद मुफ़लिसी मेरा जुर्म है,
कोई और मेरी ख़ता नहीं!
सुना है तेरी ख़िदमत में है,
जो उसे कोई ग़म नहीं!
फिर हम से कैसी ख़ता हुई,
कि तेरा रहम नहीं!
जला है मेरा आशियाना,
और तुझे ख़बर नहीं!
ये कैसी है तेरी रहमत कि
मेरी दुआ में कोई असर नहीं!
बैठे हैं सड़क पर,
और तुझे कोई ख़बर नहीं,
नम हैं आँखें और प्यासे हैं होंठ
और तेरे बादलों में कोई असर नहीं!
यहाँ जल गया आशियाना और अभी बादलों का पता नहीं,
शायद मेरी मुफ़लिसी मेरा जुर्म है,
कोई और मेरी ख़ता नहीं!

दिव्या द्विवेदी

देश की व्यथा

दुनिया में संकट आया, हर दिशा बदलकर रख दी
बच्चे, बूढ़े, हर उम्र की दशा बदलकर रख दी
कोरोना ने परिवर्तन की, ऐसी हवा बहाई
जीवन को जीने की जिसने, नयी दशा–दिशा दिखलाई
घर–घर में ताला लगवाया, हर हाथ से ताली बजवाई
अब सुनो कोरोना वायरस ने क्या–क्या लीला दिखलाई
चीन, अमेरिका के देशों में, करुण व्यथा है छाई
भारत की निर्मल मातृभूमि में भी पड़ गयी परछाईं
कहीं बेटा छिन गया पिता से, माँ छिनी बेटी से
संकट की अँधेरी छाया ने, पति छीन लिया पत्नी से
भारत के रखवालों पर, अपनी कुदृष्टि फैलाई
हर जीव को एक–दूजे से, मिलने पर रोक लगाई
कहीं गैस ज़हर बन फैला, डॉक्टर ने जान गँवाई
महामारी की इस घटना से, प्रकृति भी घबराई
अब यत्न करें हम बचने का, हाथों को हर पल धोयें
हम ध्यान करें अब ईश्वर का, किसी और को अब न खोयें,
घर रह कर ही हम लड़ेंगे, कर्तव्यों को निभायेंगे
हर क्षेत्र, गली, भारत से, कोरोना को भगायेंगे।

नारी की वेदना

नारी हूँ कभी–कभी कमज़ोर पड़ जाती हूँ
आज की हालत को देख सहमी–सी रह जाती हूँ
फूलों–सी प्यारी सीता को कटु शब्दों ने वन पहुँचाया था,
सीता जी की बिरहा में राम को रुलाया था
त्रेता की इस घटना को मैं फिर से दोहराती हूँ
बेटी की पुकार को कविता में सुनाती हूँ
अभी तक जो देखा, सुना जो अभी तक
सहती गयी मैं हुआ मुझसे जब तक
आ करके तंग अब यह कहती हूँ मैं
यह समाज न बदला, न बदलेगा हमारे लिए
सहज नहीं यह जीवन निभाना
कभी मार खाना, कभी प्यार पाना
कभी दूसरों के लिए सहते जाना,
कभी ख़ुद के सपनों को ख़ुद ही मिटाना
बचाओ, पढ़ाओ का नारा लगायें
लेकिन बचाने को कोई न आये
हुआ आज शब्दों में क्या–क्या बतायें
ये रिवाज़ न बदला, न बदलेगा हमारे लिए
कभी माँ के आँचल में ख़ुद को छुपाना,
कभी उनके दामन से ख़ुद को छुड़ाना
ग़मों में पड़े आज जीवन निभाना
पड़ी है जो मुझपे, मुझे है सुनाना
जो बीता सुनाऊँ, कहाँ और मैं कब
करो एक वादा सँभल कर चलो अब
बेटी के दुख को जहाँ से मिटाओ
उठो और अपना क़दम तुम बढ़ाओ हमारे लिए
यह इज़्ज़त यह शोहरत कहीं न मिलेगी
कली के बिन बगिया सूनी रहेगी
ख़ुदा न करे जब यह तुम पर पड़ेगी

तू आँसू बहाएगा, दुनिया हँसेगी
प्रियंका के जैसे हज़ारों हैं ग़म में
सुनाऊँ मैं कैसे जो ख़ुद हूँ शरम में
दुआ है कि अब यह दुनिया सुधरे
जो गुज़रा है अब तक
वह फिर से न गुज़रे किसी के लिए

गुरुकुल से गूगल तक

हम आज यहाँ बीते युग की गाथा गाते हैं
हम अपनी संस्कृति का गुणगान सुनाते हैं
सतयुग, त्रेता, द्वापर में गुणगान हुआ करता था
अपनी संस्कृति का बखान हुआ करता था
हम गुरुकुल में पढ़ते थे, गुरु–शिक्षा लेते थे
गुरुवर थे बड़े ज्ञानी, गुरु जी दीक्षा देते थे
कल का बेटा ब्वॉय बना, मम्मी, डैडी करता है
अब गुरुवर की शिक्षा ही नहीं, गूगल से काम चलता है,
नेटवर्क हुआ है घर–घर में वह प्यार नहीं है अब
गुरुवर, माता–पिता के प्रति संस्कार नहीं है अब
अब सर्च को यह गूगल में, यूट्यूब चलाते हैं
तब प्रेम, प्रणाम करते थे, अब हैलो–हाय करते हैं
तब शीश चरण रखते थे, अब बाय–बाय करते हैं
माँ–बाप बुलाते हैं तो कहते, आय एम–नॉट–हियर
संस्कार नहीं है अब दिखता, कहते हैं डियर–डियर
वीडियो कॉल के ज़रिए घर–घर बात चलाते हैं
गुरु के जैसा कोई नहीं है, इस संसार में
वो ही हैं आशा के दीपक, जग के अँधियार में
जब जीवन नैया खाये हिचकोले, भव पार करें गुरुवर
हर तत्त्व के क्या गुण–अवगुण, विस्तार करें गुरुवर
भगवान भी उनके सामने आकर शीश झुकाते हैं

शहीदों के ऊपर न कोई बवाल चाहिए

शहीदों के ऊपर न कोई बवाल चाहिए
देश धर्म बेच डालें, न ऐसे दलाल चाहिए
सैनिकों के शौर्य का हिसाब जो हैं माँगते
जिहादियों की मौत पर जवाब जो हैं चाहते
उन देशघाती मंसूबों को तोड़ देना चाहिए
मैं तो कहती हूँ, दो–चार बम इन पर भी फोड़ देना चाहिए,
जिसके मन में राम बसे हों, दिल के अन्दर गीता हो
कर्तव्यों का संकल्प लिए, जो स्वाभिमान जीता हो
खुद्दारी का रक्त नसों में जिसके हरदम रहता हो
मातृभूमि पर श्रद्धा जिसकी, भारत की जय कहता हो
मैं उन वीरों के चरणों में श्रद्धा सुमन चढ़ाती हूँ
निज पौरुष को जो जगा सके, मैं कविता वही सुनाती हूँ
हर बात को भूलो तुम, मगर मेरे वीरों को मत भूलना
सरहद पर हरदम डटकर, वो देश को अपना बनाते हैं
हर मौसम में वो खड़े रहते, जो मिल जाये वह खाते हैं
उनके इस निश्छल भावपूर्ण, मेहनत को कभी मत तोलना,
प्यारे बापू से होके जुदा, पत्नी से दूर रहे वो सदा
अपनी माँ को वह भूल गये, धरती माँ को वो माने ख़ुदा
निज कर्म के पथ पर छोड़ चले उस त्याग को मत भूलना
जब देश पर मुश्किल आती है, जनता सारी घबराती है
वह लड़ते हैं, हम सोते हैं, उन्हें नींद कभी नहीं आती है,
उनके इस जज़्बे को प्यारे, हक़, नमन, लगन से बोलना,
दुश्मन के वार से बचने को, एक बहन ने राखी भेजी है
मेरा भाई सीमा पर लड़ता, भारत का वह एक फ़ौजी है
इस बहन की राखी के बदले, बस इतना तुमसे माँग रही
तुम लड़ते अन्तिम तक रहना, बलिदान यही मैं माँग रही
तुम शान तिरंगे की रखना, बहना की लाज बचा लेना

राजलक्ष्मी 'राजी' राज

बस एक बात

बस एक बात थी, हम बहुत अच्छे थे
वरना आज मंज़र कुछ और होता

ज़िन्दगी ताक पर रख दी हमने
अब क्या ख़ौफ़, ज़िन्दगी में कब क्या होगा

शायद यही अंजाम होना था मेरे क़िस्से का
वरना ख़ता की नहीं, सज़ा मिल गयी यह न हुआ होता

उलझे हुए रिश्तों को बहुत क़रीब से समझा हमने
वरना इन बहते आँसुओं को हमने भी रोक लिया होता

रुकने को कह गये सब हमसे
वरना जी लेते हम भी अगर जीने दिया होता
अगर टूट कर बिखरते नहीं हम इतने
हमें भी अपनी क़ाबिलियत पर इतना भरोसा न हुआ होता

गर लोग इन्सानियत समझ लेते
हमने भी अपनी क़लम को अपनी ताक़त न बनाया होता

गर सब मेरी सुन लेते
जी लेते हम भी अगर जीने दिया होता।

मेरा बचपन

मैं और मेरा यह अकेलापन
झकझोर कर रख देता है मेरा मन
कुछ आवाज़ें आती हैं
और छू जाती हैं मेरा अन्तर्मन
मैं और मेरा यह अकेलापन।

यादें कैसी?
बादलों जैसी
जो चाहकर भी छँटती नहीं
फिर याद दिलाता है मेरा बचपन
मैं और मेरा यह अकेलापन।

कुछ रंग–बिरंगी तितलियों की तरह
सुनी–अनसुनी कहानियाँ कहती हैं
और याद दिलाता है मेरा बचपन
मैं और मेरा यह अकेलापन।

मीठी यादें बनकर
बारिशों की ये बूँदें जब तन–मन पर गिरती हैं
यादें फिर थमने का नहीं लेतीं नाम
और याद दिलाता है मेरा बचपन
मैं और मेरा यह अकेलापन।

आज भी जब रंग बिखेरते
इन्द्रधनुष को देखती हूँ
आँखों में सुनहरे सपनों की तरह बस जाते हैं
फिर याद दिलाता है मेरा बचपन
मैं और मेरा यह अकेलापन।

तुम ही हो

तुम हो मेरी आँखों में
रात के सोते सपनों में
तुम ही मेरी धड़कन में
मेरी चलती साँसों में
और ज़माना कहीं और दिल लगाने को कहता है

तुम मेरी भूली राहों में
दिनभर की मीठी यादों में
तुम मेरी भीगी पलकों में
तुम ही मेरी उदासी में
और ज़माना कहीं और जाने की बात करता है

तुम मेरी धुँधली यादों में
पर हो हर एक एहसास में
तुम हो मेरे आराम में
तुम ही मेरी बेचैनी में
और ज़माना कहीं और दिल लगाने को कहता है

तुम हो मेरी चाहत में
तुम ही जीने के ज़रिए में
तुम हो मेरे हर एक ग़म में
तुम ही मेरी ख़ुशियों में
और ज़माना कहीं और जाने की बात करता है

चाहतें

कुछ चाहतें मेरी होंगी
कुछ चाहतें तेरी होंगी

वरना यह एहसास नहीं होता
तेरा–मेरा साथ नहीं होता।

रिश्ते ख़ुद–ब–ख़ुद नहीं बनते
इनको बनाना पड़ता है
कई रंग बिखेरने पड़ते हैं
तब इनका रंग निखरता है।

बड़े प्यार से सींचा था इनको
बड़े प्यार से इन्हें सँवारा था
ज़िन्दगी ने हर बात बदल डाली
क़िस्मत ने सब कुछ बदल डाला।

हम भूल गये हर बात मगर
हर यादें ताज़ा होती गयीं
चाहत थी मेरी तुझे भूलूँ मगर
तुझे याद करने की आदत होती गयी

वक़्त

'कहते हैं वक़्त के आगे किसी की नहीं चलती
वक़्त अच्छा हो या बुरा जब आता है इन्सान को
बहुत कुछ सिखा जाता है।'

वक़्त ने बहुत कुछ सिखा दिया
अब फ़र्क़ नहीं पड़ता किसी के होने न होने से।
सोने की तरह आग में इतने तप चुके हैं
अब फ़र्क़ नहीं पड़ता आग में जलने से।

कुछ खोया है तो कुछ पाया भी तो है

कल तक जो मन के अन्दर था
आज वह पन्नों पर उतारा भी तो है।

मन इतनी बार दुखा, बार–बार दुखा
अब फ़र्क़ नहीं पड़ता किसी के होने न होने से।
भीड़ में भी तन्हाई अच्छी लगती है
अब फ़र्क़ नहीं पड़ता किसी के होने न होने से
राजी अब फ़र्क़ नहीं पड़ता किसी के होने न होने से।

राजकिरण 'कृतिका'

संघर्ष भरा जीवन

एक पथ पर मैं चली थी, जो था कठिनाइयों से भरा
मैं थकी मेरा पाँव थका पर न मेरा लक्ष्य झुका।

उल्लास भरा मन दे रहा था साथ मेरा
जो मुझे मेरे कर्तव्य से न हिलने दिया।

दिल से आवाज़ थी आ रही
मंज़िल अब तेरी दूर नहीं।

चल रहा था पाँव, मेरे पथ को चूमते हुए
एक दिन मंज़िल मिलेगी शायद, यह सोचते हुए।

पीछे मुड़कर देखना नहीं, ख़ुद पर भरोसा करो
संघर्ष ही एक विकल्प है, इच्छाओं को प्रबल करो।

बार–बार यही आवाज़ अन्तर्मन से आती रही
सफलता की उम्मीद में, बस मन में लक्ष्य की ही बात हो।

यूँ ही चलो, आगे चलो, बढ़े चलो
उत्साह, उल्लास से अपने मन को भरे रखो।

पा लोगे एक दिन तुम सफलता की सीढ़ियाँ
बस मन में आत्मविश्वास तुम जगाये रखो।

इन्दु नारा

इन्सानी फितरत

आजकल साँप, गिरगिट और घड़ियाल
आत्महत्या करने लगे हैं...
क्योंकि उनके सारे गुण इन्सानों में आने लगे हैं।
बेचारे कुत्तों की स्थिति और भी गम्भीर हो गयी है,
लोग पाँव चाट के कुत्ते तो बन जाते हैं,
पर वफ़ादारी काम निकलते ही बदल जाती है उनकी,
अब बेचारे कुत्तों का हो रहा चरित्र हनन,
बताओ भला कैसे करें सहन।

सुना है लोग गिरगिट से तेज़ रंग बदलते हैं
देख कर गिरगिट भी कुण्ठित होने लगे हैं,
बेचारे जानवर ख़ुद को इन्सान से कितना कम पाते हैं
उनकी विधा में भी आज इन्सान बाज़ी मार ले जाते हैं
मर जाये लोमड़ी उनकी चालाकियाँ देखकर,
लोमड़ी से ज़्यादा चापलूस हो गये हैं लोग।।

प्रेमचन्द

प्रेमचन्द
साधारण से जनमानस
जाने क्या तक़दीर लिखा कर लाये थे।

जो रच दिया इतिहास ऐसा,
जिसे चुनौती देना आज भी किसी के वश में नहीं।
बन गये उपन्यास सम्राट।
साहित्य लिखते क्या थे...
बुन देते थे संसार नया, जिनमें जीवित हो उठते थे चरित्र सभी,
पढ़ने वाले भी दंग रह जाते हैं
उनके रचना संसार में ऐसे भौचक्के से रह जाते हैं
रंगभूमि के पंडायपुर में ख़ुद को खड़ा पाते हैं
सूरदास को आज भी अपने सम्मुख खड़ा पाते हैं।
सेवा सदन की सुमन हो या निर्मला की निर्मला,
आज भी नीर बहाती दिखाई पड़ती हैं
औरत के दुख को आज भी दर्शाती हैं।
गोदान के होरी को कौन किसान भुलायेगा,
अपने ग़म को उसके ग़म से भला कैसे दूर रख पायेगा।
ग़बन में गहन प्रेम औरत की कमज़ोरी को
उसकी मज़बूती में ढाला है।
ऐसे प्रेमचन्द को भला कौन भुला पायेगा।
इतिहास के पन्नों में जो अमिट छाप छोड़ गया।
उसे भला साहित्य कैसे नकारेगा।।

भारत के जननायक

तुम भारत के जननायक हो, जन–गण–मन का गान करो।
भारत माँ की जय बोलो, तिरंगे पर अभिमान करो।

आज़ादी के हवन कुण्ड में लाखों–लाख जवानी हैं
सुभाष, शेखर, भगतसिंह, इसमें लक्ष्मीबाई हैं।
मंगल पाण्डे, वीर सावरकर, इसमें तात्या, नाना हैं,
अपने अतीत का ज्ञान तत्त्व, हम इतिहास को भूल रहे।
भूल रहे गीता की धरती, हम कुरुक्षेत्र को भूल रहे।

जलियाँ वाले वीर शहीदो, हम अमृतसर को भूल रहे।
भूल रहे हल्दी का गौरव, चेतक राणा भूल रहे।
संस्कार और मर्यादा की, सब परम्पराएँ भूल रहे।
इतिहासों में सिमट गये जो, उन बलिदानों को याद करो।
तुम भारत के जननायक हो, जन–गण–मन का गान करो।

सरहद पर जो डटे वीर हैं, उनका गौरवगान करो,
देश पर जो शहीद हुए हैं उनका तुम बलिदान लिखो।
वीरों की कुर्बानी का सम्मान ज़रूरी होता है।
शत–शत नमन करो वीरों को, वीरों पर अभिमान करो।
जाति धर्म से परे वतन है, मिलकर के एक काम करो।
जहाँ विरोध उठता दिखे, तुम वहीं तिरंगा लहरा दो।
तुम भारत के जननायक हो, जन–गण–मन का गान करो।
देश विरोधी नारेबाज़ी, पत्थरबाज़ी, नुक्ताचीनी
बहुत हो चुका बन्द करो।
जिसको प्रेम नहीं भारत से,
जिसको गर्व नहीं भारत पर,
जिसका दम घुटता हो यहाँ पर
जिसको कमियाँ दिखतीं यहाँ पर
वो सीमा पार चले जायें
वो सरहद पार चले जायें।
सहमत हो गर बात से मेरी, मिलकर ये ऐलान करो
हम भारत के जननायक हैं, भारत पर अभिमान करें,
इसकी गौरवगाथा को अखिल विश्व में फैला दें।
भारत माँ की जय बोलें, तिरंगे पर अभिमान करें।।

शब्दों की महिमा

शब्दों की महिमा बड़ी निराली,
शब्द वो जो अमृत रस घोलें, शब्द ही ज़हर घोलते हैं

शब्द ही मित्र बनाये, शब्द ही शत्रु बनाये
शब्दों का इस्तेमाल करें सँभाल कर,
शब्द वो हैं, जो जीवन में महाभारत छेड़ दें,
अपमान की किसी में ज्वाला छेड़ दें
आज तुम्हारा दिन है, कल उसका होगा।
न छोड़ेगा वो फिर तुम्हारे सम्मान को
शब्दों का इस्तेमाल करें सँभाल के।।

रोचिका अरुण शर्मा (खांडल)

ईंधन

क्यूँ घबराना हार से
यही तो है वह ईंधन
जो बन चिनगारी, सुलगाता है अगन
कुछ कर गुज़रने की...
और हिम्मत की हवा संग
उठती हैं लपटें
जिनकी गर्म रोशनी
निम्न कर देती है अन्धकार
मन में छाई स्याह रातों का
और अन्तर्मन में हो जाती है
इक भोर सुहानी–सी...
फिर जब झाँकती हूँ
मन की कोठरी के भीतर
दिखती है, हरी दूब पर सजी
मोती–सी चमकती
अपने पूर्ण यौवन संग इठलाती
ओस की बूँदें...
जो देती हैं पैग़ाम
कर लो पूरा अपने ख़्वाबों को
उषा की पहली किरणों संग
न जाने कब चढ़ते सूरज के ताप में

हो जाये वाष्पित अस्तित्व...
समझ उनका इशारा
कर लेती हूँ पूर्ण
अपने अधूरे ख़्वाबों को
पीछे रह जाती है हार...
सन्ध्या के आगमन पर
बुन लेती हूँ
फिर कुछ ख़्वाब
जो करने हैं पूरे
नयी सुबह संग...

काफ़ी है स्त्री होना

ऐ नारी! तुम क्यूँ लगी हो होड़ में
क्यूँ चाहती हो शामिल होना पुरुषों की दौड़ में
क्या कमी है तुम्हारे अस्तित्व में
सारी सृष्टि है निहित, तुम्हारे स्त्रीत्व में
ममता, त्याग, प्यार, सहनशीलता, दया
वह मादक–सी हँसी और नाज़ुक–सी काया
क्यूँ करती हो महसूस बौना, अपने नारी होने पर
सजा रही हो क्यूँ काँटे, अपने स्त्रीत्व के बिछौने पर
वह देता है छाँव तुम हो जड़ें उस तरुवर की
है वह गहराई तुम हो तरंगें सरोवर की
क्या कभी धरा बिन ब्रह्माण्ड हुआ है पूरा
बिन ख़ुशबू के फूलों का श्रृंगार सदा ही रहा अधूरा
पूरक हो तुम पौरुषत्व की, मिथ्या तुम बिन कल्पना संसार की
बड़ी ही सुन्दर रचना हो तुम, सृष्टि के रचनाकार की
तुम हो परिधि जीवन चक्र की सम्पूर्ण तुम्हीं से ये दुनिया
न करो हठ छोड़ दो ये होड़, काफ़ी है तुम्हारा स्त्री होना

शहादत की बदौलत

गा रहा है गाथा आज भी ज़र्रा–ज़र्रा हिन्दुस्तान का
कि जहाँ बिखरा था सिन्दूर वीरांगनाओं का
लहू बन कर शूरवीरों का
बुहार लूँ रास्ता कि आज भी है बसता
चर्चा बहादुरी, हिम्मत, सम्मान, अभिमान का
हे शहीद किस मिट्टी के इन्सान हो तुम?
बौनी है ऊँचाई शिखरों की, महान हो तुम
क्या याद करें हम, कि भूले ही नहीं कभी
ओझल न हुई छवि, इक पल को भी
गुमान है हमें तुम्हारी वर्दी पर
याद है हर वो सैनिक जो लड़ा उन बर्फ़ीली चोटियों पर
बजा रहा है डंका आज भी बर्फ़ में लिपटा हिमालय
कि रक्त–रंजित है हृदय उसका भी
देखा है उसने, छलनी होता सीना अपने सपूतों का
सुना रहा है कहानियाँ फर–फर लहराता तिरंगा
किस हिम्मत से खदेड़ा तुमने घुसपैठियों को
कि अन्तिम श्वास तक लड़ता रहा किस हौसले के साथ
भूल गया डोली, राखी बहन की
किलकारी, हँसी, मुस्कुराहट अपने मासूमों की
जर–जर होती हालत बूढ़े माँ–बाप की
टपकती छत अपने घर की
छोड़ गया दुल्हन बनी सिन्दूरी माँग को
सहेजे सीने में सिर्फ़ कर्तव्य, भारत माँ के प्रति
न लगने दिया दाग चूनर पर माँ की
पहचानती है तुम्हें मिट्टी की ख़ुशबू, जो फैली थी हवाओं में
ढूँढ़ती हैं घाटियाँ जो सुनती थीं आगाज़, फ़िज़ाओं में
तुम कहाँ हो हे योद्धा?
शायद खिलखिलाहट, किलकारियों में
याद करते हैं तुम्हें

मेहँदी, महावर, कुमकुम, रोली
बहनों की राखियाँ और डोली
दे रही है आशीष माँ की ममता
क्यूँकि सब कुछ है महफ़ूज़
तुम्हारी शहादत की बदौलत
व्यर्थ नहीं तुम्हारी आहुति
देखो ज़रा लहराते तिरंगे को
सुनाई देती है हर फर–फर में धड़कन तुम्हारी
बताती है आज भी गतिमान श्वास तुम्हारी
हे शूरवीर तुम सदैव अमर हो
नतमस्तक हैं हम तुम ईश्वर हो
अर्पित हैं श्रद्धा–सुमन हर उस देहरी पर
जहाँ रखे थे शहीदों ने क़दम
रुख़ करते हुए जंग की ओर...

तितली-सी लड़की

चन्द्रमुखी मुखड़े पर उसके, अधर पंखुरी मुस्काती
सुर्ख–सुर्ख रंगत गालों पे, भर उड़ान बढ़ते जाती
हर पल खिला–खिला रहता है, उसका जीवन और जहान
ख़ुशियों को झलकाती अँखियाँ, मायूसी से वो अनजान
उड़ने लगी पतंगों जैसे, जब आया तन पर यौवन
झुक गये काले बदरा सारे, झूम के आया फिर सावन
भर लेती है दामन अपना, रंग चुरा रंगोली के
सतरंगी रंगों में सजते, धागे उसकी चोली के
अदा रंगीली इन्द्रधनुष–सी, किरणों में रंग बिखराती
छू लेती ऋतुओं का मन वो, जब शरमाती, इठलाती
गुंजन करने लगते भँवरे, मधुर रागिनी जब गाती
छिड़ जाते हैं तार ह्रदय के, धुन साँसों संग मिल जाती
बाग़ों में मदमस्त तितलियाँ, जब फूलों पर मँडरातीं
मन को हरने वाली तब वो, तितली–सी लड़की याद आती।

पूजा धवन जैन

विष का फल

दर्पण में से देख रही थी,
अपने मन के त्रास को,
भड़क रही क्रोध की ज्वाला,
नफ़रत रूपी विष को
दिल ने,
सालों से था पाला।।

एक दिन की बात थी,
मैं सखियों के साथ थी,
लेकिन अचानक कुछ अनबन में,
हो गयी नाराज़ थी।।
नफ़रत का यह बीज अब,
धीरे–धीरे बढ़ने लगा,
गुस्सा और घृणा के खाद से,
अंकुरित होने लगा।।

दिन गुज़रे, महीने गुज़रे,
गुज़रे कई साल रे,
नन्हा–सा वो विष का पौधा,
बन गया वृक्ष विशाल रे।।
विष का असर, इस हद तक,

फैल गया मेरे अन्दर,
विशालकाय इस वृक्ष पर,
उग आया था, विषैला फल।।

बदल गयी थी पूर्ण रूप से,
विष के वश में आकर मैं,
तड़प रही थी हर दिन–हर पल,
विष के फल को खाकर मैं।।

समझ गयी थी अब यह राज़,
आख़िर मिट गयी, मेरी त्रास,
न हूँ बेचैन न उदास,
लेकिन यह क्या है माया??
दर्पण में देखा जब ख़ुद को,
किसी और को ही खड़ा पाया।।

कल और आज

वो भी क्या दिन थे,
वो भी क्या हम,
बदल गया ज़माना,
बदल गये हम।।

कभी संयुक्त परिवारों का होता था राज, गिर गयी है गाज,
आज उसमें पड़ गयी, मतभेद की दरार,
चालीस सदस्यों का जो था परिवार,
बनकर रह गया है आज,
घर लोगों का चार,
वो भी क्या दिन थे,
वो भी क्या हम,
बदल गया ज़माना
बदल गये हम!!

पहले बच्चे, माँ–बाप की इज़्ज़त करते थे,
उनके अनुशासन में हरदम रहते थे,
आज बच्चों की इज़्ज़त करते हैं, माँ–बाप,
और चलते हैं, बच्चों के कहे अनुसार,
और पूरी करते हैं उनकी हर बात,
वो भी क्या दिन थे,
वो भी क्या हम,
बदल गया ज़माना
बदल गये हम!!

पहले शादियाँ जोड़नी आसान,
तोड़नी मुश्किल होती थीं,
आज शादियाँ तोड़नी आसान,
और जोड़नी मुश्किल होती हैं,
वो भी क्या दिन थे,
वो भी क्या हम,
बदल गया ज़माना
बदल गये हम!!

कभी पड़ोसी,
अपने घर की भी,
होते थे शान,
आज हमारे वही पड़ोसी,
बन गये हैं अनजान,
वो भी क्या दिन थे,
वो भी क्या हम,
बदल गया ज़माना
बदल गये हम!!
पहले यन्त्र दुनिया में,
मानव चलाया करते थे,

आज सारी मानव जाति
को यन्त्र चलाते हैं
आज पूरी दुनिया ही,
यन्त्रों से चलती है,
वो भी क्या दिन थे,
वो भी क्या हम,
बदल गया ज़माना
बदल गये हम!!

मेरा बच्चा

न तुम मेरे कैनवास हो,
जिस पर अपना चित्र बनाऊँ,
न मेरा कोई हीरा हो,
जिसको घिस–घिस चमकाऊँ,
ना हो तुम मेरी कठपुतली, जिसको मैं नाच नचाऊँ,
न मेरी कोई ट्रॉफी हो,
जिसको हरदम दर्शाऊँ,
न तुम मेरे कैडेट हो,
जिससे मैं काम करवाऊँ,
न मेरी कोई परियोजना,
जिसका प्रारूप बनाऊँ,
न अधूरे ख़्वाब पूरे करने की आशा हो,
न मेरे भविष्य की तुम जिज्ञासा हो।।
तुम हो मेरे प्यारे बच्चे, मासूम और दिल के सच्चे,
ख़ुद अपनी पहचान बनाने,
आये हो इस दुनिया में।
कभी गिरोगे, ख़ुद सँभलोगे,
फिर उठकर आगे बढ़ोगे,
अपनी ताक़त को समझकर,

अपनी राह चलोगे।।
कभी हारकर,
कभी जीतकर,
कठिनाइयों से जूझोगे,
अपने आप को तलाशकर, रहस्यों को समझोगे।
मेरे बच्चे तुम यहाँ पर,
कुछ हासिल करने आये हो,
अपनी निष्ठा और शक्ति से,
उड़ान भरने आये हो।
अपने जीवन–स्वप्न को,
साकार करने आये हो।

परिशिष्ट

मधु धवन

विगत तीस वर्षों से हिन्दी प्रचार–प्रसार से जुड़ी रहीं। आप सशक्त लेखिका और शिक्षाविद् रहीं। चेन्नई में रहते हुए अनेक विद्यालयों और महाविद्यालयों में आयोजित कार्यशालाओं से भी जुड़ी रहीं। उन्होंने हिन्दी की विविध विधाओं में साहित्य का सृजन किया। कई पुरस्कारों से सम्मानित मधु जी का नाम Who's Who में भी अंकित हुआ। 'इंटरनेट का माउस' कहानी संग्रह के लिए मध्य प्रदेश सरकार द्वारा राष्ट्रीय सम्मान दिया गया।

शकुन्तला करनानी

आप कविता, गीत, भजन और लेख–लेखन में रुचि रखती हैं। आपको कई प्रतियोगिताओं में पुरस्कार मिले। **सम्प्रति** : वर्तमान में अखिल भारतवर्षीय माहेश्वरी महिला संगठन में तमिलनाडु, केरल व पांडिचेरी की साहित्य समिति की संयोजिका हैं। **मो.** : 9940067582

राजलक्ष्मी कृष्णन्

शिक्षा : बी.एससी., एम.ए. (हिन्दी), एम.फिल., पीएच.डी., हिन्दी विशारद, प्रवीण और हिन्दी प्रचारक।

अनुभव : 18 वर्षों तक हिन्दी विभागाध्यक्ष, अन्ना आदर्श महिला महाविद्यालय, चेन्नई तथा दक्षिण भारत हिन्दी प्रचार सभा के प्रचारक प्रशिक्षण विद्यालय में प्राध्यपिका के पद पर कार्य।

अनेक कविताएँ एवं आलेख पत्र–पत्रिकाओं में प्रकाशि तथा 6 पुस्तकों का प्रकाशन। कई संस्थाओं की सदस्य और सम्मानित। **मो.** : 9840041576; **ई–मेल** : rk-rish2000@hotmai1.com

राजरेखा सुन्दर

शैक्षणिक योग्यता : एम.ए. (हिन्दी), एम.फिल. (हिन्दी), पीएच.डी. (हिन्दी)।
अध्यापन अनुभव : 11 वर्ष हिन्दी अध्यापक, लेडी आंडाल स्कूल, चेन्नई।
सम्प्रति : जर्मन भाषा अध्यापक, एम.सी.सी. मैट्रिकुलेशन स्कूल, चेन्नई।
सम्पर्क : 12B, Bhuvaneshwari Nagar, 3rd st., Madambakkam, Chennai–600126। **मो.** : 9840632618

शोभा चोरड़िया

शिक्षा : उच्च माध्यमिक, कोलकाता।
सम्प्रति : महिला काव्य मंच और अनुभूति काव्य संस्था की सदस्या। 'भावों की पुड़िया' शीर्षक से कविता श्रृंखला लेखन–सोशल मीडिया पर। **मो.** : 9543286216

हर्षलता शाह

शिक्षा : एम.ए. (हिन्दी), एम.फिल, पीएच.डी.।
अनुभव : 15 वर्ष।
सम्प्रति : निदेशक (बाह्य विपणन) एवं विभागाध्यक्षा, हिन्दी विभाग श्री शंकरलाल सुन्दरबाई शासुन जैन महिला महाविद्यालय, चेन्नई।
प्रकाशन : 6 किताबों का सम्पादन, 45 प्रपत्र प्रस्तुति, 20 समीक्षात्मक लेखों का प्रकाशन तथा 10 राष्ट्रीय और अन्तरराष्ट्रीय संगोष्ठियों में प्रतिभाग।
पुरस्कार एवं सम्मान : कई संस्थाओं द्वारा सम्मानित।

पी. एषिलनाच्चियार

शिक्षा : एम.ए., एम.फिल., पीएच.डी., स्नातकोत्तर अनुवाद डिप्लोमा।
अनुभव : हिन्दी अध्यापन के क्षेत्र में सन् 2003 से आज तक (17 वर्ष)।

उपलब्धियाँ : कई राष्ट्रीय/अन्तरराष्ट्रीय संगोष्ठियों में प्रपत्र वाचन व प्रकाशन, विविध साहित्यिक विषयों पर वार्ता, आकाशवाणी द्वारा प्रसारित। हिन्दी कवि सूर्यकान्त त्रिपाठी निराला पर आधारित तमिल किताब–'कविञ्नर निराला' प्रकाशित।

सम्प्रति : सहायक प्राध्यापिका, एस.डी.एन.बी. वैष्णव महाविद्यालय, चेन्नई–44।
मो. : 9840379012; **ई–मेल** : nungai1001@gmail.com

रविता भाटिया

शिक्षा : एम.ए. (हिन्दी), स्नातकोत्तर पत्रकारिता डिप्लोमा, स्नातकोत्तर अनुवाद डिप्लोमा, एम.फिल., पीएच.डी.।
अनुभव : 25 वर्षों से अध्यापन कार्य में रत।
सम्प्रति : विभागाध्यक्ष (हिन्दी), पैट्रिशियन कॉलेज ऑफ़ आर्ट एंड साइंस, चेन्नई।
उपलब्धि : 4 पुस्तकें तथा विभिन्न पत्र–पत्रिकाओं में आलेख, व कविताएँ प्रकाशित। आकाशवाणी से वार्ता प्रसारण। कई संस्थाओं की सदस्य व कई संस्थाओं द्वारा सम्मानित। **मो.** : 9952064479; **ई–मेल** : ravitabht7@gmail.com

सीमा शेखर

शिक्षा : एम.ए. (हिन्दी साहित्य), एम.फिल., पीएच.डी.।
अनुभव : शोध सहायक, आन्ध्र विश्वविद्यालय।
प्रकाशन : 20 से अधिक शोध प्रपत्र तथा 3 पुस्तकें प्रकाशित।
विशेष : कविता लेखन तथा आकाशवाणी पर आलेख, कविताओं तथा कहानियों का प्रसारण। **मो.** : 9490798519/9655445735; **ई–मेल** : drseemasekhar@gmail.com

एन. पद्मावती

शिक्षा : एम.ए., स्नातकोत्तर अनुवाद डिप्लोमा, एम.फिल. पीएच.डी.।
अनुभव : 20 वर्ष अनुवादक तथा राजभाषा अधिकारी के रूप में, 6 वर्ष अध्यापन अनुभव।
सम्प्रति : सह–प्राध्यापक, एस.आर.एम. इंस्टीट्यूट ऑफ़ टेक्नोलॉजी, चेन्नई।
पुरस्कार एवं सम्मान : वर्ष 1998 एवं 1999 तमिलनाडु और केरल में उपस्थित

भारत सरकार के उपक्रमों में राजभाषा के क्षेत्र में श्रेष्ठ कार्यान्वयन के लिए गृह मन्त्रालय के राजभाषा विभाग द्वारा पुरस्कृत किया गया। **मो.** : 8939999485

सुनीता जाजोदिया

शिक्षा : एम.ए, एम.फिल. पी.एचडी., डी. लिट् (मानद)।
सम्प्रति : सहायक प्रोफ़ेसर एवं भाषा विभागाध्यक्ष (शिफ़्ट–2) विमेंस क्रिश्चियन कॉलेज, चेन्नई।
उपलब्धि : कई प्रतिष्ठित सम्मानों से सम्मानित।
मो. : 9841139991; **ई–मेल** : dr.sunitajajodia@gmail.com

एन. लक्ष्मी

सम्प्रति : सहायक प्रोफ़ेसर एवं विभागाध्यक्ष, महात्मा गाँधी सरकारी कॉलेज, मायाबन्दर, अण्डमान।
उपलब्धि : चार किताबें, तीस से अधिक आलेख एवं कविताएँ प्रकाशित। राष्ट्रीय व अन्तरराष्ट्रीय संगोष्ठी एवं कार्यशालाओं में सहभागिता। राजभाषा हिन्दी की कार्यशालाओं में विशेष वक्ता एवं अतिथि के रूप में योगदान।
मो. : 9434277892 / 9933279001; **ई–मेल** : drnlakshmi14@gmail.com

सुमन सिंह सेंगर

शिक्षा : बी.एड., एम.फिल., पीएच.डी., पी.जी. डिप्लोमा अनुवाद।
अनुभव : पब्लिक स्कूल, जे.आर.के. ग्लोबल स्कूल और केन्द्रीय विद्यालय में चौदह वर्षों से कार्यरत।
उपलब्धि : कविता व आलेख अनेक पत्र–पत्रिकाओं में प्रकाशित। कई संस्थाओं द्वारा हिन्दी प्रचार सेवा के लिए सम्मानित।
मो. : 9789841812; **ई–मेल** : suman.Sengar01@gmail.com

सरोज नागराजन

सम्प्रति : सेवानिवृत्त, जी. एस. टी. एवं केन्द्रीय उत्पाद शुल्क विभाग में वरिष्ठ अनुवादक पद से (जुलाई, 2019)।
रुचि : गद्य और पद्य दोनों पढ़ने और लिखने के साथ–साथ पाक कला।
मो. : 9444192601; **ई–मेल** : sarojnagarajan1961@gmail.com

मोहिनी चोरड़िया

शिक्षा : एम.एस.सी. (Zoology), एम. एड.।
अनुभव : अध्यापन–जीव विज्ञान। कई सामाजिक, साहित्यिक तथा शैक्षणिक संस्थाओं में विभिन्न पदों पर कार्य किया।
प्रकाशन : दो पुस्तकें 'आओ प्रकाश की ओर चलें' एवं 'लौट आइए' प्रकाशित, उपाध्याय प्रवीण ऋषि जीम.सा. द्वारा वाचित 'महावीर गाथा' का संकलन।

एन. ललिता राव

सम्प्रति : विभागाध्यक्ष (हिन्दी विभाग) आर.वी.एस. महाविद्यालय, कोयम्बटूर
उपलब्धि : पाँच पुस्तकें प्रकाशित तथा अनेक आलेख और कविताएँ विभिन्न पत्र–पत्रिकाओं में प्रकाशित। विभिन्न राष्ट्रीय एवं अन्तरराष्ट्रीय संगोष्ठियों में प्रपत्र वाचन तथा मुख्य अतिथि।
पुरस्कार व सम्मान : अमृता प्रीतम शैक्षणिक राष्ट्रीय पुरस्कार व कई अन्य संस्थाओं द्वारा पुरस्कृत।

सरला विजय सिंह 'सरल'

शिक्षा : एम.ए. (हिन्दी)।
उपलब्धियाँ : अनेक सम्मानों से सम्मानित एवं पत्रिकाओं में कहानियाँ, कविताएँ एवं लेख प्रकाशित।
सम्प्रति : महिला काव्य मंच तमिलनाडु इकाई की अध्यक्षा।
मो. : 918124040192; **ई–मेल** : Sarla.nirankari@gmail.com

कौशल्या वरदराजन

शिक्षा : एम. ए., एम. फिल. (राजनीति विज्ञान), एम.ए. पीएच.डी. (हिन्दी)।
अनुभव : पूर्व सहायक प्राध्यापक, दूरस्थ शिक्षा निदेशालय, उच्च शिक्षा और शोध संस्थान, दक्षिण भारत हिन्दी प्रचार सभा, चेन्नई।

सम्प्रति : हिन्दी विषय विशेषज्ञ NPS-ITPL बेंगलुरु।
उपलब्धियाँ : अनेक आलेखों और कविताओं का प्रकाशन, संगोष्ठियों में प्रतिभाग तथा प्रपत्र वाचन, हिन्दी प्रचार समाचार के प्रकाशन में सहयोग, चेन्नई आकाशवाणी वार्ता प्रसारण, तमिल कविताओं का हिन्दी अनुवाद आदि।
मो. : 09003012060; **ई–मेल** : koushalyav@gmail.com

जयासूर्या चेल्लम

शिक्षा : एम.ए. (हिन्दी), एम.फिल. (हिन्दी), एम.ए. (अंग्रेज़ी)।

उपलब्धियाँ : भारत संचार निगम लिमिटेड, चेन्नई से राजभाषा अधिकारी के पद से सेवानिवृत्त। दक्षिण भारत हिन्दी प्रचार सभा की प्रमाणित प्रचारक। 'चेन्नई वाणी' गृह पत्रिका के सम्पादक का पद दस साल सँभाला। कई पत्रिकाओं में लेखों व कविताओं का प्रकाशन।

मो. : 9444979349

मंजु रुस्तगी

शिक्षा : एम.फिल., पीएच.डी. (हिन्दी साहित्य)।

सम्प्रति : अवकाशप्राप्त प्रवक्ता एवं हिन्दी विभागाध्यक्ष, वल्लियम्माल कॉलेज फ़ॉर वुमेन, चेन्नई।

उपलब्धि : दो पुस्तकें प्रकाशित पत्र–पत्रिकाओं में लघुकथा, कविताएँ, आलेख आदि का प्रकाशन। साहित्यिक संस्थाओं में महत्त्वपूर्ण पदभार, राष्ट्रीय एवं अन्तरराष्ट्रीय संगोष्ठियों में प्रपत्र वाचन, संचालन, काव्य–पाठ, आकाशवाणी चेन्नई से कविताओं और आलेखों का प्रसारण, अनेक राष्ट्रीय, अन्तरराष्ट्रीय संस्थाओं से सम्मान प्राप्त।

मो. : 9840695994; **ई–मेल** : manju.rustagi@gmail.com

मीना कुमारी सिंह

जन्म स्थान : वाराणसी।

शिक्षा : एम.फिल., पीएच.डी. (हिन्दी साहित्य)।

चेन्नई के राजाजी प्रशिक्षण महाविद्यालय में प्रवक्ता के रूप में कार्य करते हुए आपने हिन्दी शिक्षण का कार्य किया।

वर्तमान में तिरुनेलवेली ज़िले के काल्लिडैकुरिच्ची गाँव में रहते हुए हिन्दी सेवा में संलग्न हैं। **मो.** : 9444981093

अनिता सोनी

शिक्षा : स्नातक, दिल्ली विश्वविद्यालय, स्नातकोत्तर (हिन्दी) इंदिरा गाँधी ओपन यूनिवर्सिटी।

व्यवसाय : गृहिणी, समाज सेवा में सक्रिय, कवयित्री, लेखिका एवं भजन गायिका।
उपलब्धियाँ : वर्ष 2008 तथा 2017 चेन्नई श्रेष्ठ कवयित्री पुरस्कार से सम्मानित तथा पत्र–पत्रिकाओं में कविताएँ प्रकाशित।
मो. : 9551112122; **ई–मेल** : anita3soni@gmail.com

निर्मला एस. मौर्य

शिक्षा : पीएच.डी., डी. लिट्.।
अनुभव : पूर्व रजिस्ट्रार एवं विभागाध्यक्ष, उच्च शिक्षा और शोध संस्थान, द.भा.हि.प्र. सभा, मद्रास (राष्ट्रीय महत्त्व की संस्था), चेन्नई।
शोध एवं शोध निर्देशन अनुभव 30 वर्ष (इनके शोध निर्देशन में 90 छात्र एम.फिल., 89 शोधार्थी पीएच.डी., तथा 6 शोधार्थी डी.लिट्. उपाधि प्राप्त कर चुके हैं।)
उपलब्धियाँ : साठ से अधिक सम्मेलनों, सेमिनारों, कार्यशालाओं और यू.जी. सी. द्वारा आयोजित रिफ्रेशर प्रोग्राम में विषय विशेषज्ञ। रेडियो कार्यक्रम तथा टी.वी. सीरियलों का संवाद लेखन इत्यादि।
प्रकाशन : 175 आलेख और शोध प्रपत्र, 8 पुस्तकें, 5 सम्पादित ग्रन्थ।
सम्मान एवं पुरस्कार : 14 राष्ट्रीय एवं 16 अन्तरराष्ट्रीय पुरस्कारों से सम्मानित।
मो. : 9884042944; **ई–मेल** : nirmala.s.mourya@gmail.com

विद्या शर्मा

शिक्षा : एम.ए., बी.एड., पीएच.डी.।
अनुभव : हिन्दी विभागाध्यक्ष (सेवानिवृत्त), एम.ओ.पी. वैष्णव कॉलेज, चेन्नई, पीएच.डी. शोध निर्देशन
प्रकाशन : 1 शोधग्रन्थ, 1 कहानी संग्रह, 3 नाटक, 2 कविता संग्रह तथा अनेक पत्र–पत्रिकाओं में रचनाओं का प्रकाशन।
अनुवाद : मराठी से हिन्दी (कई पुस्तकों का अनुवाद)
उपलब्धियाँ : राष्ट्रीय एवं अन्तरराष्ट्रीय संगोष्ठियों में प्रपत्र वाचन, आकाशवाणी पर साहित्यिक प्रस्तुति। **मो.** : 9940347027

पी. नजीम बेगम

शिक्षा : बी.एससी., एम.ए. (हिन्दी), पीएच.डी., (डी.लिट्.)।

सम्प्रति : एसोसिएट प्रोफ़ेसर, उच्च शिक्षा और शोध संस्था, द.भा.हि.प्र. सभा मद्रास, चेन्नई।

उपलब्धियाँ : शोध निर्देशन में 40 पीएच.डी. तथा 80 एम.फिल. अवार्डेड, 100 प्रपत्र पत्र–पत्रिकाओं में प्रकाशित, अनेक राष्ट्रीय व अन्तरराष्ट्रीय संगोष्ठियों में प्रतिभाग, कई संस्थाओं की सदस्य व उनके द्वारा सम्मानित।

मो. : 9444945286; **ई–मेल** : drpnazeembegum@gmail.com

सविता धुडकेवार

शिक्षा : एम.ए., एम.फिल., पीएच.डी.(हिन्दी), स्नातकोत्तर पत्रकारिता डिप्लोमा (हिन्दी)।

सम्प्रति : वरिष्ठ प्रवक्ता, उच्च शिक्षा और शोध संस्थान, दक्षिण भारत हिन्दी प्रचार सभा मद्रास, चेन्नई।

प्रकाशन : अनेक पत्र–पत्रिकाओं में आलेख और कविता प्रकाशित।

सम्मान : मराठी कविता लेखन के लिए सम्मानित, बाबू बालमुकुन्द गुप्त हिन्दी सेवा सम्मान। **मो.** : 9381058482

डी.एम. सावित्री

सावित्री जी अंडमान निवासी हैं।

मातृभाषा तेलुगू होते हुए भी हिन्दी, अंग्रेज़ी और तेलुगू भाषा में निरन्तर लिखती रही हैं। उपन्यास, कहानियों एवं कविताओं के माध्यम से अण्डमान द्वीप के सौन्दर्य एवं समस्याओं को उजागर किया है।

सम्प्रति : 'हिन्दी साहित्य कला परिषद्', पोर्ट ब्लेयर की कला सचिव हैं। **मो.** : 7063967855

रेखा राय

राम भक्ति महिला मण्डल–अध्यक्ष तथा महिला काव्य मंच चेन्नई–उपाध्यक्ष। लेखिका, कवयित्री व समाज सेविका, महिला उत्थान के लिए कार्यरत, अनुभूति सखी मण्डल, महिला मण्डल काव्य मंच, ब्रह्मवृक्षम आदि संस्थाओं से जुड़ी हैं।

मो. : 9884766950; **ई–मेल** : s.rekharai@gmail.com

मिथिलेश सिंह

शिक्षा : बी.एससी., एम.ए., एम.फिल., पीएच.डी., पी.जी. डिप्लोमा–पत्रकारिता एवं अनुवाद।

सम्प्रति : विभागाध्यक्ष (हिन्दी) गुरु श्रीशान्ति विजय जैन महिला महाविद्यालय, चेन्नई।

उपलब्धियाँ : अनेक पत्र–पत्रिकाओं में लेख प्रकाशित हुए हैं। साहित्य सेवी सम्मान से सम्मानित। हिन्दी प्रचार–प्रसार के लिए सक्रिय। कई संस्थाओं की सदस्य। **मो.** : 8220537109

के. गौरी

शिक्षा : बी. कॉम., एम.ए. (पब्लिक एडमिनिस्ट्रेशन), एम.फिल. (पब्लिक एडमिनिस्ट्रेशन) राष्ट्रभाषा प्रवीण, एम. ए. (हिन्दी), एम.फिल. (हिन्दी), पीएच.डी. (हिन्दी)।

सम्प्रति : हिन्दी प्रमाणित प्रचारक। अनेक प्रतिष्ठित सम्मानों से सम्मानित।

मो. : 9791039598; **ई–मेल** : grt1176@gmail.com

वी. गीता मालिनी

शिक्षा : बी.एससी. (फिज़िक्स), बी.एड., एम.ए. (हिन्दी), एम.फिल., पीएच.डी., पीजीडीसीए, पीजीडीटी (अनुवाद), पीजीडीजे (पत्रकारिता)।

उपलब्धियाँ : राष्ट्रीय तथा अन्तरराष्ट्रीय संगोष्ठियों में प्रपत्र प्रस्तुति, कविता तथा लघु कथा लेखन व अनुवाद कार्य। अनेक प्रतिष्ठित सम्मानों से सम्मानित।

सम्प्रति : सहायक प्रवक्ता–हिन्दी, एतिराज कॉलेज फॉर वुमेन, चेन्नई।

मो. : 9710691857; **ई–मेल** : geetavivek@gmail.com

आर. पार्वती

शिक्षा : बी.ए. (अंग्रेज़ी), एम.ए. (हिन्दी), बी.एड. तथा BLIS।

सम्प्रति : सेवानिवृत्त, सहायक पुस्तकाध्यक्ष, कॉनेमरा सार्वजनिक पुस्तकालय।

कृतियाँ : श्रीमती मृदुला सिन्हा जी की पुस्तक 'परितप्त लंकेश्वरी' का तमिल में अनुवाद?। अनुवाद एवं हिन्दी भाषा संवर्द्धन हेतु पुरस्कृत। **मोबाइल** : 9445068581

अनुराधा अग्रवाल 'अनु'

शिक्षा : बी. एड, एम. फिल, पीएच.डी. (हिन्दी)।
अनुभव : विभागाध्यक्ष, हिन्दी (अग्रवाल विद्यालय एवं जूनियर कॉलेज, चेन्नई) प्रवक्ता : हिन्दी (हिन्दी प्रचार सभा, प्रचारक विभाग, चेन्नई), प्रवक्ता : हिन्दी (एम. ओ. पी. वैष्णव कॉलेज, नुंगमबक्कम, चेन्नई।)
प्रकाशन : विभिन्न पत्र–पत्रिकाओं में रचनाएँ प्रकाशित।

सरोज सिंह 'आफरीं'

शिक्षा : एम. ए. (स्वर्ण पदक), एम.फिल., पीएच.डी. (हिन्दी साहित्य), पी.जी. डिप्लोमा (अनुवाद) पी.जी. डिप्लोमा (पत्रकारिता)।
सम्प्रति : सहायक प्राध्यापिका (हिन्दी विभाग) श्री शंकरलाल सुन्दरबाई शासुन जैन महिला महाविद्यालय, टी.नगर, चेन्नई।
उपलब्धियाँ : 3 सम्पादकीय पुस्तकें, 1 शोध ग्रन्थ तथा अनेक पत्र–पत्रिकाओं में आलेख और कविताओं का प्रकाशन। संगोष्ठियों में प्रतिभाग एवं प्रपत्र वाचन। विभिन्न संस्थाओं द्वारा सम्मानित। स्वतन्त्र पत्रकार।
मो. : 7871751775; **ई–मेल** : singh.saroj1979@gmail.com

डोली

शिक्षा : बी.सी.ए., एम. एससी. आईटी, एम.ए (हिन्दी) एम.फिल. (हिन्दी), पीएच.डी (हिन्दी), पी.जी. डिप्लोमा (पत्रकारिता), पी जी डिप्लोमा (अनुवाद), बी.एड.।
अध्यापन अनुभव : 6 वर्ष, शोध प्रपत्र : 22 प्रपत्र विभिन्न शोध पत्र–पत्रिकाओं में प्रकाशित एवं एक शोध पुस्तक प्रकाशित।
सम्प्रति : सहायक प्रोफ़ेसर, गुरुनानक कॉलेज, चेन्नई।
मो. : 9940632779; **ई–मेल** : dollymourya@gmial.com

रंजीता भारती

शिक्षा : एम. ए., एम. फिल., पीएच.डी.।
प्रकाशन : रचना (सड़क), निबन्ध, छोटी–छोटी कविताएँ।
उपलब्धियाँ : साहित्य की विविध विधाओं में लेखन।
मो. : 9840990633

रेखा सुमन

अनुभव : शिक्षिका।
रुचि : काव्य, लेख (आध्यात्मिक एवं साहित्यिक), बाल रचनाएँ।
प्रकाशित रचनाएँ : कविता, लेख, वर्ग पहेली एवं व्यंग गीत। काव्य रचनाएँ रेडियो पर भी प्रसारित। **मो.** : 9283172589

अनीता पुरोहित बबेले

शिक्षा : एम.एससी. (रसायनशास्त्र), एम.ए. (हिन्दी), पी. एचडी. (हिन्दी)।
सम्प्रति : अध्यापिका (पी.जी.टी. हिन्दी) अन्ना आदर्श म.हा. से. विद्यालय, चेन्नई।
अभिरुचियाँ : साहित्य अध्ययन, पठन–पाठन। **मो.** : 9444377901

निशा मुरलीधरन

शिक्षा : एम.ए., एम.फिल., पीएच.डी., पी.जी. डिप्लोमा (अनुवाद)।
सम्प्रति : सहायक प्रोफ़ेसर, एस.आर.एम. इंस्टीट्यूट ऑफ़ साइंस एंड टेक्नोलॉजी, चेन्नई।
मो. : 9840274820; **ई–मेल** : nishachinmaya@gmail.com

डी. जयभारती

शिक्षा : एम.ए., एम.फिल.. पीएच.डी.।
सम्प्रति : हिन्दी प्रचारक, दक्षिण भारत हिन्दी प्रचार सभा, चेन्नई।
मो. : 9843311294; **ई–मेल** : subbubharthi@gmail.com

रजनी एस.

शिक्षा : एम.ए., एम.फिल., पीएच.डी.।
सम्प्रति : सह–आचार्य, एम.सी.सी. कॉलेज, तांबरम, चेन्नई।
उपलब्धियाँ : अनेक पत्र–पत्रिकाओं में लेख, लघु कहानियाँ, कविताओं का प्रकाशन, एक शोध ग्रन्थ प्रकाशित हो चुका है। राष्ट्रीय और अन्तरराष्ट्रीय संगोष्ठियों में प्रतिभाग व प्रपत्र वाचन। कई संस्थाओं द्वारा सम्मानित।
मो. : 9789836437; **ई–मेल** : rajinis126@yahoo.com

शिवालिका कुशवाहा

शिक्षा : बी.ए., एम.ए. (हिन्दी साहित्य)।
प्रूफ रीडिंग और सम्पादन कार्य का अनुभव, काव्य–गोष्ठियों में काव्य पाठ एवं संचालन।
मो. : 9444409638; **ई–मेल** : shivi19sep@gmail.com

रेखा कुमारी (चौहान)

शिक्षा : एम.ए. (हिन्दी), एम.फिल., अध्ययनरत।
काव्य गोष्ठियों में कविता वाचन साहित्य की अन्य विधाओं में लेखन।
मो. : 7339654880; **ई–मेल** : rekha.chauhan@live.com

रेखा रमाकान्त वर्मा

शिक्षा : एम.ए. (इतिहास), एम.ए. (हिन्दी), एम.फिल., पीएच.डी. (शोधार्थी)।
अभिरुचि : साहित्य अध्ययन एवं लेखन।
प्रकाशन : कई आलेख एवं कविताएँ पत्र–पत्रिकाओं में प्रकाशित।
मो. : 9092311651; **ई–मेल** : rekha18.varma@gmail.com

नीलावती मेघाणी

शिक्षा : एम.ए., एम.फिल., बी.एड., पीएच.डी., अनुवाद में स्नातकोत्तर डिप्लोमा।
अनुभव : सत्रह वर्ष हिन्दी अध्यापन–पीएसबीबी मिलिनियम विद्यालय, चेन्नई तथा श्री बी.के. कोठारी विद्यालय, चेन्नई। आकाशवाणी चेन्नई में अंशकालीन उद्घोषिका
सम्प्रति : प्रतिष्ठान संस्कृति के माध्यम से पुस्तकों के प्रचार–प्रसार और व्यापार में संलग्न।
लेखन कार्य : कविताएँ, यात्रावृत्तान्त। **मो.** : 9080088218

के. पद्मिनी

शिक्षा : पीएच.डी.।
अनुभव : प्रिंसिपल, के. पी. हिन्दी अकादमी, चेन्नई।

गुड़िया चौधरी

शिक्षा : एम.ए., एम.फिल., डिप्लोमा अनुवाद एवं पत्रकारिता।
सम्प्रति : सहायक प्रोफ़ेसर, गुरुनानक महाविद्यालय, वेलाचेरी, चेन्नई।
उपलब्धि : राष्ट्रीय व अन्तरराष्ट्रीय संगोष्ठियों में प्रतिभाग एवं प्रपत्र वाचन, आकाशवाणी चेन्नई से मौलिक कहानी का वाचन। **मो.** : 7200600689

दिव्या द्विवेदी

शिक्षा : बी.ए. तृतीय वर्ष की छात्रा।
सम्प्रति : अनेक काव्य मंचों से कविता वाचन किया तथा अनेक पुरस्कारों से सम्मानित।

राजलक्ष्मी 'राजी' राज

शिक्षा : एम.ए., एम.फिल. (हिन्दी साहित्य)।
सम्प्रति : सहायक प्रोफ़ेसर, हिन्दी विभाग, ए.एम. जैन महाविद्यालय, चेन्नई।
रुचि : कविता लिखना एवं कविता पाठ करना, गीत गाना।
ई–मेल : rajitalks16@gmail.com

राजकिरण 'कृतिका'

शिक्षा : एम.ए, एम.फिल. (हिन्दी साहित्य)।
रुचि : कविता लिखना एवं कविता पाठ करना, कहानी में विशेष रुचि। **ई–मेल** : kritika28talks@gmail.com

इन्दु नारा

शिक्षा : एम.ए. (साइकोलॉजी एवं हिन्दी), बी.एड., एम.फिल. (हिन्दी), पीएच.डी., पी.जी. डिप्लोमा (अनुवाद), पी.जी. डिप्लोमा (पत्रकारिता), पी.जी. डिप्लोमा (कम्प्यूटर)।
ई–मेल : indumaliknara@gmail.com

रोचिका अरुण शर्मा (खांडल)

शिक्षा : बी., टेक. (इलेक्ट्रिकल), DNIIT।
सम्प्रति : डायरेक्टर, सुपरगन ट्रेडर एकेडमी प्राइवेट लिमिटेड।

उपलब्धियाँ : हिन्दी–इंग्लिश भाषाओं में कहानी, कविताएँ एवं आलेख अनेक पत्र–पत्रिकाओं में प्रकाशित। स्वरचित तथा सम्पादित पाँच पुस्तकें प्रकाशित। अनेक अवसरों पर कई संस्थाओं द्वारा सम्मानित।

मो. : 9597172444; **ई–मेल** : sgtarochika@gmail.com

पूजा धवन जैन

शिक्षा : एम.ए. (फाइन आर्ट्स), स्टेला मॉरिस कॉलेज।
सम्प्रति : फ्रीलांस आर्टिस्ट, गायिका तथा लेखक।
उपलब्धियाँ : रेडियो, दूरदर्शन तथा डीडी मैट्रो टीवी चैनल पर देशभक्ति के गानों के कार्यक्रम में चौदह भाषाओं में गा चुकी हैं। वीवा एजुकेशन की हिन्दी शृंखला 'पंखुड़ियाँ' के अक्षरमाला की सी.डी. के बोल लिखे तथा खुद गाये। मैकमिलन पब्लिकेशन की सीबीएससी की पुस्तक लेखन में योगदान।

मो. : 9884637003; **ई–मेल** : pujjamy@gmail.com

❑❑